SOCORRO

SOY MAESTRO DE **ESCUELA DOMINICAL**

COMO HACER LA ESCUELA BÍBLICA DOMINICAL
MÁS DINÁMICA, EDIFICANTE Y CREATIVA

1ª Edición

LÉCIO DORNAS

hagnos

©2002 por Lécio Dornas. Publicado originalmente por Editora Hagnos Ltda, São Paulo, Brasil.

Título original
Socorro, sou professor de escola dominical

Traducido por:
Mauricio Alonso Martínez Pinto

Revisado por:
Maritza Valverde

Portada
Editorial Hagnos Corp.

Composición (Diagramación)
Catia Soderi

1a edición – Abril de 2015

Editor
Juan Carlos Martinez

Coordinador de producción
Mauro W. Terrengui

Impresión y acabado
Imprensa da Fé

4450 NW 135 Street

Miami, FL 33054

e-mail: editorial@editorialhagnos.com

www.editorialhagnos.com

Catalogación en la Publicación (CIP)
Angélica Ilacqua CRB-8/7057

Dornas, Lécio
Socorro – soy maestro de la escuela dominical / Lécio Dornas; traducción : Maurício Martinez. – Miami : Hagnos, 2015.

ISBN 978-85-7742-159-6

Título original: *Socorro sou professor da Escola Dominical*

1. Biblia – estudio y enseñanza 2. Educación religiosa 3. Escuelas dominicales I. Título II. Martinez, Maurício

15-0040 CDD-268.3

Las puntuaciones de catálogo sistemático:

1. Escuelas dominicales : Profesores : Educación religiosa : Cristianismo 268.3

A mi esposa Polliana, mis hijas Sarah y Hannah, familia que me inspira y me bendice constantemente.

A los maestros de la Escuela Dominical que en el anonimato prestan lo mejor de sus vidas en la construcción de otras con el artefacto de la Palabra Eterna.

ES NECESARIO CREER

Los avances tecnológicos de estos nuevos tiempos se han constituido en un desafío para la iglesia cristiana como agencia educacional. La iglesia se ve en constante desventaja frente a las instituciones seculares y a los medios de comunicación masivos que disponen de recursos sofisticados para la transmisión de sus mensajes, además de profesionales con títulos en áreas especializadas.

La educación cristiana formal, administrada por la iglesia, se ve sofocada por la educación informal de los medios de comunicación, especialmente la televisión y, en tiempos recientes, la computadora.

Además de la sofisticación tecnológica, debemos tomar en cuenta la cantidad de tiempo durante el cual los creyentes se exponen a estos medios modernos de comunicación. Mientras tanto, el tiempo que la iglesia usa para realizar sus programaciones se puede comparar a una gota de agua en el océano.

La cátedra y el púlpito evangélico están a la vanguardia de esta lucha desigual, en busca de la atención, del interés y de la lealtad de sus oyentes. Como principales agentes de la actividad educadora de la iglesia, el pastor y el maestro se podrían sentir frustrados con los resultados obtenidos. A veces la frustración es debido a la escasez de resultados cuantitativos de participación y asistencia. Lo peor es que otras veces es generada por la fragilidad de los resultados cualitativos inmediatos o a largo plazo, lo que debería traducirse en términos de auténtica vida cristiana y de influencia cristiana positiva en el mundo. Se trata de un sentimiento semejante al del apóstol Pablo frente a la inconstancia de los creyentes de Galacia: *Temo que mi trabajo en vuestro medio haya sido en vano* (Gl 4:11).

La mayor dificultad parece que está del lado del maestro. En contraste, el pastor por lo menos tuvo la oportunidad de recibir un entrenamiento oficial en una escuela de teología. Su discurso es proferido frente a un auditorio silencioso que escucha sin tener la oportunidad de dialogar o discordar.

El maestro es arrojado a las fieras en una situación desventajosa. Escogido para el cargo, a veces semanas antes de asumir el cargo, recibe el texto de las lecciones días antes del inicio de las clases y raramente obtiene orientaciones anticipadas sobre el contenido programado o la metodología de enseñanza. En esta situación es puesto frente a una clase dominical, debiendo responder preguntas y aclarar puntos controvertidos de interpretación del texto bíblico.

¡SOCORRO!, ¡SOY MAESTRO DE LA ESCUELA DOMINICAL!, de Lécio Dornas, emerge de este conflicto. Conocedor profundo de la problemática de la Escuela Dominical por medio de su experiencia de liderazgo en esta área en el contexto de la Convención Bautista Brasileña, el autor coloca el dedo en los puntos neurálgicos de la cuestión.

La obra focaliza el problema del tiempo para el estudio en clase y la necesidad de un planeamiento adecuado para que el tiempo no se acabe antes de la lección. Ofrece orientaciones sobre como motivar la "gente desinteresada" a involucrarse en el estudio de la Biblia. Hace la denuncia de la falta de valorar la Escuela Dominical por parte de muchas iglesias. Fornece orientaciones prácticas para el estudio y la interpretación de la Biblia. Presenta nociones generales de metodología de enseñanza. Sugiere recursos que el maestro puede utilizar para explorar las potencialidades de su clase, convirtiéndola en algo más que un rápido encuentro dominical.

Se trata de un texto creativo, informativo y provocativo.

Creativo por la manera singular como el tema es abordado, comenzando por los títulos, propiciando una contribución aún no encontrada en la literatura de este género.

Informativo por el profundo conocimiento que el autor demuestra poseer sobre la problemática de la Escuela Dominical, por la perspicacia en el tratamiento de las cuestiones planteadas y por sus bases que se extraen de una bibliografía de última generación.

Provocado por las soluciones que propone, Lécio Dornas no se olvida de las "Bendiciones y Desafíos para estos tiempos posmodernos". Él escribe para incentivar el maestro de la Biblia a implementar los recursos que la modernidad ofrece, con el propósito de facilitar su trabajo y que produzca resultados positivos. Las sugestiones de la "Biblioteca Básica del Maestro de la Escuela Dominical" colocan el maestro a la vanguardia de la información, inclusive con la Posibilidad de "navegar" en el internet.

Es necesario creer en la Escuela Dominical. Este libro, escrito por alguien que cree, es dirigido particularmente a maestros que necesitan compartir la misma convicción de que cambios van a ocurrir. Como resultado, la Escuela Dominical del tercer milenio cosechará las bendiciones de la victoria sobre los desafíos que hoy enfrenta.

El resultado práctico que se espera de la lectura de este libro es que el grito de socorro se transforme en expresión de fe.

ROBERTO ALVES DE SOUZA

Licenciado en Portugués y Latín
Maestría en Divinidad
Doctor en Nuevo Testamento

¡YO CREO EN LA ESCUELA DOMINICAL!

Pero persiste tú en lo que has aprendido y te persuadiste, sabiendo de quién has aprendido (2 Tim 3:14).

¿Cómo no creer?

A lo largo de los años, la Escuela Dominical se ha sustentado como la organización de mayor estabilidad y relevancia dentro de las iglesias evangélicas en el mundo entero. La gran mayoría de pastores, de misioneros, de maestros de seminarios y de líderes de la obra de Dios en general, comenzó un día en una clase de Escuela Dominical. La fundamentación bíblica, la consciencia doctrinaria y la visión de la obra de Dios han madurado en el corazón de los creyentes a través de esta organización que un día nació en el corazón de Robert Raikes, en Inglaterra.

Sin embargo, constatamos, con tristeza y pesar, el modo inconveniente como muchos líderes de la actualidad ven y consideran la Escuela Dominical; no la valorizan como deberían. En muchas iglesias casi no es dada importancia a su ministerio. Los líderes que tratan así la Escuela Dominical demuestran una visión diminuta de las oportunidades y potencialidades de esta inigualable organización en nuestras iglesias.

Felizmente, son muchos aquellos que aún creen en la Escuela Dominical, y trabajan en su favor y cooperan con su misión. Entre ellos están hombres y mujeres de Dios que han sido usados como maestros y orientadores de los alumnos que dominicalmente comparecen a las clases.

Este libro fue concebido y escrito pensando en los maestros de la Escuela Dominical. Al mismo tiempo, es un homenaje a estos siervos del Señor que de manera incógnita realizan un trabajo de relevancia incalculable para el Reino de Dios, y también una ayuda para ellos que muchas veces se encuentran arrojados dentro de una sala de clases con poca o ninguna ayuda para la realización del trabajo.

Este libro es un cántico de alabanza a Dios por la vida de miles de personas que se dedican a la tarea sublime de enseñar la Biblia a las personas de nuestra época. Es una oración de gratitud a Dios por Su iluminación siempre presente en la vida de estos verdaderos héroes de la fe.

Este libro es un grito de esperanza, una manera de contribuir para que el amor y el interés por la Palabra de Dios crezca de forma cuantitativa y cualitativa dentro de nuestras iglesias. Es una forma de despertar niños, adolescentes, jóvenes y adultos para el estudio de un Libro que conserva sorprendente y vigorosa actualidad, mismo habiendo sido escrito hace tantos años y en circunstancias tan diferentes de las de hoy.

Este libro es un clamor, una llamada a líderes, pastores, misioneros y obreros que tienen la responsabilidad de conducir la obra de Dios en nuestras iglesias, de manera que revisen su posición, su visión y su actitud para con la Escuela Dominical.

Este libro tiene como propósito alcanzar aquellos que dirigen las clases de Escuela Dominical, y que precisan estar conscientes de la importancia de ofrecer a Dios lo mejor de su vida. El buen maestro comparece en la clase que lidera preparado de la mejor manera posible. También es dirigido a los alumnos de esta maravillosa escuela y los exhorta para que sean responsables y celosos en el estudio de la Palabra de Dios.

Oro para que cada maestro, que al leer las páginas que siguen, sea tomado de amor y celo por el ministerio de la enseñanza de la Biblia en su iglesia. Si al finalizar la lectura el maestro se siente motivado a realizar con cualidad y pasión su trabajo, este libro habrá cumplido su misión.

Que Dios bendiga su vida y la lectura de este trabajo. Reconocemos que está lejos de la perfección, pero fue escrito con la intención de contribuir para el crecimiento de personas, especialmente de aquellas que enseñan en la Escuela Dominical.

Así que, hermanos míos amados, estad firmes y constantes, creciendo en la obra del Señor siempre, sabiendo que vuestro trabajo en el Señor no es en vano (1 Co 15:58).

LÉCIO DORNAS

EL AUTOR

Lécio Dornas – Durante 25 años estuvo involucrado con la Escuela Dominical. Dirigió por cinco años el Departamento de Publicaciones Periódicas de la JUERP. Por tres años sirvió como Secretario General de la Asociación de los Educadores Religiosos Bautistas del Brasil. Por cuatro años actuó como Ponente de la Comisión de Currículo de la Coordinación de Educación Cristiana del Consejo de la CBB y cooperó como maestro del Seminario Teológico Bautista del Sur del Brasil y del IBER. El autor fue idealizador del I Congreso Bautista Brasileño de la Escuela Dominical que fue realizado en Rio de Janeiro en 1993. Es escritor de decenas de artículos y estudios publicados y dirigidos para la Escuela Dominical. Licenciado en Teología por el Seminario Teológico Bautista del Sur del Brasil (Rio de Janeiro) y Maestro del Seminario Teológico Bautista de Mato Grosso. Publicó, recientemente, el libro *O Jornal e a Bíblia (El Diario y la Biblia)*, una demostración de cómo es posible interpretar la Biblia a la luz de cuestiones contemporáneas. El Pastor Lécio Dornas es casado con la Dra. Polliana Boechat Dornas y es el padre de las pequeñas Sarah y Hannah. Actualmente vive en los EE.UU., donde trabaja como Gerente del Ministerio brasileño de la Sociedad Bíblica Americana (American Bible Society).

CONTENIDO

1

¡TOCO LA CAMPANA, SE ACABO LA CLASE!

COMO PLANEAR CON EFICACIA SU CLASE

el que enseña, en la enseñanza (Ro 12:7b).

Casi todos nosotros ya pasamos por la experiencia de ver un maestro de la Escuela Dominical sorprendido por la campana anunciando el final de la clase. Muchos maestros y alumnos se quejan del poco tiempo reservado para el estudio en clase. Algunos maestros, frustrados, acostumbran a decir que la clase se terminó exactamente cuando estaba comenzando a tratar la mejor parte del contenido.

La falta de tiempo no es el problema, y sí la falta de planeamiento. Cuando no se planea la clase, no importa el tiempo separado para ella; todo será hecho con torpeza dando la impresión de que algo falta. Cuando hay planeamiento, mismo que el tiempo sea corto, habrá productividad y satisfacción en la clase. Afirmo nuevamente que el tiempo no es el problema, y sí la falta de planeamiento.

El planeamiento de una clase para la Escuela Dominical debe llevar en cuenta varios factores. Vamos a examinarlos.

EL CONTENIDO

El contenido se trata de lo que va a ser enseñado. La definición clara del contenido ayudará el maestro a mantenerse fiel al desenvolvimiento de su clase. La respuesta a algunas preguntas nos dará informaciones sobre el contenido de una lección:

> ¿Cuál es la enseñanza central de la lección que será estudiada?
>
> ¿Cuáles son las informaciones principales que deben ser transmitidas y qué relación tienen con la enseñanza central?
>
> ¿Cuál es la relación con la lección de la semana anterior?

Es triste cuando un maestro entra en la clase sin tener una clara comprensión del contenido de la lección que enseñará. He oído informes de maestros que ni siquiera conocían el tema de la lección en el momento en que iban a enseñarla. Son improvisadores que se engañan, que engañan a los demás y prestan un mal servicio a la causa de la enseñanza de las Escrituras en nuestras iglesias. El maestro debe conocer profundamente el contenido que enseñará a sus alumnos.

Cada lección tiene una enseñanza central. De esta emanan otras que, aunque sean secundarias, también son importantes y necesarias. La transmisión y la asimilación de estas enseñanzas son imprescindibles en una clase. El maestro debe identificar en el estudio bíblico de la lección, y en la propia lección cuál es la, enseñanza principal y cuáles son las secundarias. Haciendo así encontrará el contenido para su clase. Encontrando el contenido, obtendrá el camino por donde deberá conducirse durante la clase. De esta manera se asegurará el éxito de su docencia.

El contenido es el primer factor que debe ser llevado en cuenta en el planeamiento de la clase. La comprensión clara del contenido exigirá esfuerzo y concentración del maestro. Aún en este libro daremos algunos consejos sobre cómo estudiar un texto de la Biblia, identificar el contenido y extraer enseñanzas de las Escrituras y contextualizarlas hasta nuestros días.

EXTENSIÓN Y TIEMPO

El maestro, consciente del contenido, tiene una idea de la cantidad de informaciones y de enseñanzas que precisará transmitir. Necesitará hacer un trabajo de selección de contenido, dando prioridad a las informaciones y a las enseñanzas que se conforman plenamente con el mensaje principal a transmitir.

El maestro deberá establecer una relación entre la cantidad de informaciones y las enseñanzas prácticas con el tiempo disponible para que las mismas sean transmitidas. De esta forma, determinará en su planeamiento previo cuanto tiempo usará para cada parte de la clase. Este planeamiento es de suma importancia para no caer en el error de usar mucho tiempo con un determinado aspecto de la lección en detrimento de otros.

Aconsejamos, de modo general, la distribución a seguir del tiempo de una lección:

APERTURA (5%)

Al comenzar la lección, el maestro puede conceder a la clase un momento corto de confraternización. Es el momento de los alumnos se saludaren, de presentar los visitantes y de hacer una u otra comunicación de interés de la clase. Es una especie de romper el hielo, muy importante para el inicio de una lección.

INTRODUCCIÓN (10%)

El maestro establecerá la relación entre lo que se ha estudiado en la semana anterior y lo que se presentará a continuación. Tratará de atraer la atención y el interés de los alumnos por lo que se enseñará. En la introducción, los objetivos de la clase deben ser claros en términos de las lecciones que se enseñarán y de las informaciones que serán transmitidas. La introducción es el momento, en el inicio de la clase, donde el maestro y los alumnos deben presentarse ante Dios en oración, pidiendo la bendición de la sabiduría y del discernimiento espiritual para el estudio de su Palabra.

Usted necesita hacer uso de mucha creatividad en la introducción de la clase. Hechos contemporáneos, noticias de periódicos, ilustraciones y experiencias constituyen un excelente material para la introducción de una buena clase en la Escuela Dominical. Acostumbramos comparar la introducción de una clase con el lanzamiento de un cohete. Dicen los entendidos que en los primeros minutos después del lanzamiento de un cohete, los científicos son capaces de predecir el éxito o el fracaso de una expedición espacial. Las cosas son más o menos así con la clase de la Escuela Dominical. Si el maestro no puede captar la atención de sus alumnos y dejarles claro lo que se enseñará en la introducción de la clase, será difícil hacerlo después.

Interpretación (30%)

La preocupación del maestro es con la transmisión de informaciones y datos que ayudarán el alumno en la interpretación del texto bíblico en estudio. En este momento, la palabra es casi totalmente de uso del maestro. Un alumno puede ofrecer su contribución eventualmente, pero, lo supuesto es que el maestro está preparado para ofrecer a sus alumnos las informaciones que les ayudarán para la clara comprensión del texto bíblico.

Más adelante ofreceremos mayores informaciones sobre cómo interpretar la Biblia. Por ahora, lo que importa es dejar consciente al lector que en la clase se necesitará reservar por lo menos 30% del tiempo disponible para el estudio y para la fiel interpretación de la Palabra de Dios.

Vivimos en una época en la cual muchas personas se han arrojado en la tarea de enseñar la Biblia, en la radio, en la televisión, o por otros medios, sin dar la atención merecida a la interpretación de la Palabra. Esto abre espacio para verdaderas aventuras hermenéuticas donde absurdos son presentados como verdades bíblicas. Los alumnos de la Escuela Dominical necesitan ser alcanzados con argumentación bíblica consistente para que las verdades de la Palabra de Dios establezcan raíces en sus vidas, lo que es posible solamente mediante la sana y profunda interpretación de las Escrituras.

Aplicación (40%)

Una vez interpretado correctamente, el texto bíblico proporcionará principios y enseñanzas que se deben aplicar a la vida de los alumnos. De lo contrario, el propósito principal de la Escuela Dominical no se logrará, no habrá un verdadero aprendizaje de las Escrituras, y los cambios no van a suceder en la vida de los alumnos. Si después de una clase un alumno no se siente estimulado para cambiar algunos aspectos de su vida, para que ellos estén en harmonía con las Escrituras, verdaderamente la clase no alcanzó éxito.

El resultado de una buena enseñanza es el surgimiento de principios y lecciones que, una vez que sean llevados en consideración, provocarán cambios en la vida de aquellos que se someten a ellos. Tales principios deben ser aclarados y expuestos para que los alumnos se apropien de ellos. Una clase sin aplicación es como si una persona fuera al médico, recibiera la receta, pero no fue instruida sobre cómo utilizar los medicamentos. Es tarea del maestro orientar sus alumnos en la aplicación de las verdades bíblicas.

Con la aplicación de las verdades bíblicas en la vida de sus alumnos, el maestro será el constructor de un puente entre el mundo de la Biblia y el mundo de hoy. Es necesario tener en cuenta que estamos lejos, geográfica, cultural y cronológicamente del mundo de la Biblia. Por eso necesitamos interpretar correctamente su texto y aplicar coherentemente las verdades extraídas de él en la vida de los alumnos. Sin aplicación la clase se convierte meramente informativa, sin relevancia práctica, sin vida. Al final de una lección en la Escuela Dominical, el alumno debe tener una idea clara sobre cómo poner en práctica en su vida las verdades aprendidas.

En el momento de la aplicación, es muy importante la participación de los alumnos, dando opiniones, compartiendo experiencias y ofreciendo subsidios para la aplicación correcta de las verdades aprendidas en la vida de los compañeros de clase. El maestro debe tener cuidado y ser muy ágil a cargo de los debates para evitar que apenas uno o dos alumnos monopolicen el uso de la palabra. Lo ideal es que el maestro oriente la participación de los alumnos, posibilitando inclusive que aquellos que son más tímidos y reservados expresen sus ideas y opiniones.

El resultado de la participación de los alumnos constituye el enriquecimiento de la clase, especialmente en su aspecto práctico. Con cautela, el maestro no puede prescindir de la participación de los alumnos en el desarrollo de la clase. Una opinión o experiencia puede dar lugar a una situación de enseñanza, proporcionando gran edificación y aprendizaje.

Conclusión (15%)

Cuando termine la clase, el maestro tiene que revisar con los alumnos las principales informaciones transmitidas y las enseñanzas aprendidas. La lección central del texto debe ser vista de nuevo, enfatizada e ilustrada.

No puede haber un manejo desproporcional de

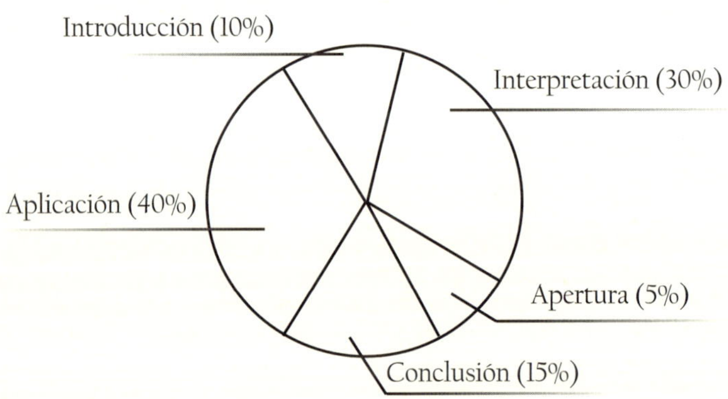

Diagrama de distribución del tiempo de una lección de Escuela Dominical.

tiempo en las partes anteriores de la lección, a fin de no perjudicar la conclusión. La conclusión es la hora de cerrar las ideas, ratificar principios, confirmar doctrinas y homologar actitudes y comportamientos. Una buena conclusión no puede ser hecha de prisa o superficialmente, bajo el riesgo de comprometer toda la lección. Una conclusión bien hecha motivará el alumno a proseguir en el estudio de las Escrituras.

Al terminar la clase, el maestro debe tomar un tiempo para que los alumnos oren a Dios. Es un momento de comunión y de edificación espiritual, cuando los alumnos conversan con Dios acerca de sus vidas en los aspectos tratados por el estudio de su Palabra.

ESTRATEGIA DIDÁCTICA

Para cada etapa de la lección, el maestro necesita planear una estrategia didáctica. Más adelante trataremos algunos métodos de enseñanza, pero ahora necesitamos dejar claro que en la introducción, interpretación, aplicación y conclusión el maestro deberá usar estrategias que auxilien y garanticen el éxito de cada etapa de la lección. Nuevamente, el maestro debe hacer algunas preguntas que serán el norte. ¿Cuál es la mejor manera de introducir esta lección? ¿Cómo puedo interpretar de manera interesante y atractiva este texto con la clase? ¿Qué tipo de aplicación sería más eficaz para esta lección? ¿Cómo concluir con eficacia mi lección? Preguntas como estas pueden ayudar el maestro al seleccionar sus estrategias didácticas.

Cuando no se definen de manera efectiva las estrategias didácticas, se corre el riesgo que la clase sea aburrida y se desaliente el alumno. Excelentes lecciones han naufragado exactamente por la negligencia de este aspecto didáctico. Al planear la lección, el maestro necesita pensar anticipadamente sobre lo que hará en cada etapa. La monotonía y la falta de creatividad didáctica pueden descarrilar cualquier trabajo serio de interpretación bíblica.

Sin embargo, el maestro necesita prevenirse de la tentación de variar la metodología solo por variar, sin que haya harmonía entre el método didáctico y el tipo de enseñanza a ser ministrada. Todo debe ser planeado para estar bien pensado antes de ser ejecutado.

TOCO LA CAMPANA...

Con estas informaciones, el maestro podrá planear sus lecciones en la Escuela Dominical. No planear es menospreciar la enseñanza de las Escrituras y, al mismo tiempo, demostrar desprecio para con la tarea de la enseñanza. No planear es una falta de respeto a los alumnos que ponen confianza en su maestro. No planear es traicionar la confianza de la propia iglesia que delegó al maestro tan sublime tarea de la enseñanza. Comparecer ante una clase de Escuela Dominical sin un planeamiento serio y bien preparado es algo de lo cual el maestro debe huir, porque siendo un fiel cumplidor de su deber considera lo que el apóstol Pablo escribió a los romanos: *...el que enseña, en la enseñanza* (Ro 12:7b.).

El maestro que planea con dedicación sus clases sentirá las bendiciones de realizar un trabajo para el Señor, con la alegría de estar dando lo mejor de sí, explorando al máximo sus potencialidades y su creatividad. El maestro verá en el contacto con sus alumnos la retribución por realizar el ministerio de la enseñanza de la Biblia con amor, esfuerzo y responsabilidad, al constatar el creciente interés de ellos por la Palabra de Dios.

Cuando toque la campana avisando el final de su clase, no habrá más sorpresas. Todos van a estar listos para salir de la sala y, si necesario, dirigirse al santuario para ofrecer culto a Dios. Los alumnos van a salir instruidos y alimentados por una clase que les trajo lecciones ricas e importantes, en los que se esforzarán para dirigir sus pasos todos los días. Tocó la campana, se acabó la clase... comenzó la prueba.

2

¡QUE ASUNTO DIFÍCIL!

Como prepararse adecuadamente para enseñar las Escrituras

Sino que en la ley de Jehová está su delicia y en su Ley medita de día y de noche (Sal 1:2).

Planear una clase es una cosa; prepararse para darla es otra. Por mejor que sea un planeamiento, no significará nada si no es ejecutado por alguien preparado para tal. No estar debidamente preparado para enseñar una lección es tan grave cuanto no hacer un planeamiento adecuado para darla. En este capítulo iremos por la vereda de la preparación para la lección. Compartiremos ideas que ayudarán al maestro de la Escuela Dominical a prepararse para enfrentar la clase en la hora de la lección.

No existe asunto difícil para un maestro bien preparado y con una lección bien planeada. En el curso de su preparación, las dudas se deshacen, las dificultades se resuelven y la luz de la Palabra de Dios ilumina el ser humano humilde y sumiso al Padre, ¡llamado maestro!

Muchos de los que figuran en la categoría sublime de maestro de la Escuela Dominical dejan para última hora la preparación de la lección. Erran al subestimar la función que abrasaron y por supervalorar la propia capacidad intelectual. Cuando termina la lección, el maestro ya debe estar involucrado en la preparación de la próxima. El maestro jamás debe dejar los días pasar y acumular trabajo para la víspera de la clase. Los que dejan todo para encima de la hora, además de no realizar nunca un trabajo serio y relevante, pueden ser sorprendidos con imprevistos que los empujen para la sala de clase sin ninguna previa preparación. El maestro prevenido y organizado administrará su tiempo semanal de modo a conducir bien su preparación de la lección, lo que asegurará su eficacia de su actuación en clase.

Los aspectos a seguir deben ser llevados en cuenta cuando pensamos sobre la preparación adecuada del maestro para la enseñanza de las Escrituras:

PREPARACIÓN ESPIRITUAL

Este es el primer aspecto a ser considerado. En la Escuela Dominical, lo más importante no es la destreza académica, aunque necesaria, pero sí, la preparación espiritual. La piedad y la devoción del maestro precisan encabezar la lista de sus virtudes. Realmente, en frente a una clase es necesario que esté un verdadero creyente en Jesucristo, una persona que tenga una experiencia personal de conversión y que está en pleno proceso de santificación. La responsabilidad de enseñar la Palabra insta a líderes de la iglesia a poner como maestros apenas creyentes fieles y que tienen un testimonio vivo del evangelio.

Ser maestro de la Escuela Dominical no es una profesión; es una vocación, un servicio prestado al Rey de reyes, una ofrenda, un gesto de adoración. Por lo tanto, no es suficiente saber la lección o dominar las técnicas de enseñanza; es necesario saber el camino de la cruz y tener coraje para llegar a los pies de Jesús en oración, día tras día. Antes que nada, el maestro es un adorador y un siervo que depende en todo de su Señor.

No hay dudas que la oración[1] debe ser parte de la vida diaria del maestro. Para el maestro sirve muy bien la oración del salmista: *Abre mis ojos, y miraré las maravillas de tu ley* (Sal 119:18). Al hacerla, el maestro expresa delante de Dios el reconocimiento de su incapacidad de entender la Palabra de Dios sin su auxilio. A través de una vida de oración y de constante busca de la voluntad de Dios, el maestro encuentra en la Santa Palabra, que estudia y enseña, verdades que cambiarán la vida de sus alumnos y su propia vida. Sin embargo, vale recordar que la oración no es un substituto del trabajo del maestro. Muchos piensan que todo lo que necesitan hacer es orar. Así, cruzan los brazos y esperan, inocentemente, que Dios se encargue de todo. Aquí caben bien las palabras de Ignacio de Loyola: "Ore, como sí usted no contase

1 Para una visión más profunda sobre la oración, ver TIPPIT, Sammy. *O Fator Oração*. Rio de Janeiro: Juerp, 1990, 156p.

consigo mismo. Trabaje como sí usted no contase con Dios."[2]

El maestro va a Dios en oración rogando unción y sabiduría para el entendimiento de las Escrituras y el discernimiento para su enseñanza. Es muy importante que los alumnos vean en el maestro una persona de oración y aprendan a orar motivados por su vida y postura.

Al lado de la oración está el estudio de la Palabra de Dios. Aquí estamos hablando del estudio devocional, cuando el maestro busca alimento para su propia vida. En este momento, el maestro se identifica como alumno del supremo Maestro. El maestro va hasta la fuente de aguas de reposo para saciar su sed por el Altísimo (Sal 42:1, 2). En comunión con la Palabra de Dios, el maestro llena su corazón, satisfaciendo su hambre y colmándose en las promesas del Libro Santo.

Viviendo cada día en comunión con la Palabra de Dios, y declarando su amor por ella con su propia vida (Sal 119:97), el maestro va llenando sus entrañas (Ez 3:1) de las enseñanzas eternas y vivas, que se quedarán marcadas siempre en su corazón. Así, el maestro se vuelve firme y constante, un verdadero depositario de las verdades divinas, guardián fiel de la sana doctrina.

El maestro piadoso y fiel recibirá su recompensa. Al ver sus alumnos madurando en la fe, transformándose

---

[2] LOYOLA, Ignacio de. Citado por GARAUDY, Roger. Minha Jornada Solitária pelo Século. Rio de Janeiro: Nova Fronteira, 1996, 298p.

en hombres y mujeres de Dios, cooperadores incansables en la lucha del Reino de Dios, hasta mismo obreros y ministros luchando en el ejército del Señor, el maestro notará que Dios le está recompensando por su fidelidad y dedicación.

La preparación espiritual del maestro de la Escuela Dominical aún es cincelada por el ejercicio fiel de su administración y por el servicio a la causa del evangelio. Nuestra opinión es que para estar en frente de una clase donde se enseña la Biblia, el creyente debe ser alguien que contribuye fielmente con el diezmo, cumpliendo con alegría las orientaciones de la Palabra que debe enseñar a sus alumnos. Creyentes que no ejercitan fielmente su mayordomía al Señor no pueden ejercer cualquier función de liderazgo en la iglesia de Dios; antes necesitan corregir los caminos errados y descubrir la bendición de la fidelidad. El servicio cristiano, otra dimensión de este burilar sereno del preparo espiritual del maestro, significa compromiso en la obra de la iglesia, presencia, participación. Esta es una exhortación más a los creyentes que, siendo maestros de la Escuela Dominical, se encuentran exentos de la evangelización, de la acción social, de la adoración, etc. Tal pensamiento es pecaminoso, pues quiere dividir en varias secciones el compromiso del creyente con Dios y con su obra, además de no encontrar apoyo en las Escrituras.

PREPARACIÓN BÍBLICA

El maestro irá en busca de preparación bíblica adecuada con la clase que va a enseñar. No se debe contentar con una lectura ligera del texto de la lección, o de un comentario bíblico. Más bien, debe aventurarse y bucear profundamente en las Escrituras.

Al preparar una lección para la Escuela Dominical, el maestro necesita tener en cuenta los pasos a seguir:

1. Leer varias veces el texto bíblico

Lea el texto hasta que el sentido y las ideas del mismo estén bien claros en su mente. Una cosa buena es leer el texto en diferentes versiones de la Biblia. Aunque no haya diferencias en relación al sentido, algunas versiones optan por palabras que, eventualmente, pueden ser más familiares al maestro. A veces una versión es más actualizada que otras en la elección de algunas palabras y expresiones.

Las paráfrasis[3] también son muy útiles para ayudar en la comprensión de los pasajes bíblicos, aunque debamos tener cuidado con ellas, pues la preocupación del texto parafraseado no es con la traducción fiel y si con la popularización.

2. Usar material de consulta disponible

Para sacar dudas con relación a palabras, expresiones, localidades, personas, etc., el maestro debe utilizar el material de consulta que tenga

[3] Paráfrasis es la traducción libre o desarrollada de un texto. Aquí se refiere a innúmeras traducciones de la Biblia que no siguen la rigidez de una traducción literal o clásica. El sentido es preservado en el intento de tornar el texto más claro al lector más simple.

a su disposición: diccionarios[4], concordancias[5], comentarios[6] y manuales[7] bíblicos, que, una vez consultados pueden ayudar mucho. Son libros elaborados por especialistas y solo pueden ser útiles al maestro. Un buen diccionario de la lengua española también es indispensable para la comprensión segura de la lectura.

Solo para dar un ejemplo de la importancia de los manuales bíblicos, verificamos en Juan 4:3, 4 que Jesús: *salió de Judea y se fue otra vez a Galilea. Y le era necesario pasar por Samaria.* Para descubrir por qué era necesario que Jesús pasase por Samaria, es suficiente procurar en un manual bíblico el mapa de Palestina en los tiempos de Jesús. El maestro estudioso entenderá que el texto hace referencia a la geografía de Palestina. Él verá que estando en Judea (Sur) y deseando volver para Galilea (Norte) precisaría atravesar Samaria (Centro). Observe como una simple consulta a un material de búsqueda añade información que con

[4] Recomiendo ROPERO, ALFONSO. *Gran Diccionario enciclopédico de la Biblia.* Editorial Clie. *Atlas Bíblico Conciso de Holman.* Editorial Broadman & Holman. *Diccionario de la Biblia.* Editorial Herder.

[5] *Concordancia Strong.* Thomas Nelson.

[6] Merecen indicación el *Comentario Bíblico de Matthew Henry: Obra completa sin abreviar* (13 tomos en 1). Editorial Clie. Y ALLEN, Clifton J. (Editor Geral). *Comentario Bíblico Broadman.* Rio de Janeiro: Juerp. Vols. 1-3 Antiguo Testamento cubriendo de Génesis a Nehemías. Los Tomos 8-12 (Nuevo Testamento) cubriendo de Mateo hasta Apocalipsis.

[7] Sugerimos aqui *Usos y costumbres de los Judíos en los tiempos de Cristo.* Editorial Clie.

certeza alumbrará el texto y su significado para los alumnos.

3. "Bombardear" el texto con preguntas

Identifique promesas, órdenes, mandamientos, principios, doctrinas, orientaciones y lecciones en el texto de la lección. Cada lectura se puede hacer con el maestro teniendo una hoja de papel en blanco a su disposición para que anote todas sus observaciones sobre el texto, incluso dudas e inquietudes. El material de consulta, que también incluye el manual de la Escuela Dominical (la edición para los maestros, suplementos, etc.), ayudará al maestro confirmar o no sus observaciones (a veces no entendemos bien lo que leemos) y también remediar sus dudas sobre el texto bíblico. Lo más importante es que el maestro anticipe lo más posible cualquier duda que pueda surgir en el salón de clases. Si no consigue resolver las dudas por sí mismo, el maestro debe buscar la ayuda de alguien mejor preparado, como el pastor o un maestro más experimentado, para que él mismo no se quede sin entender algo del texto que va a enseñar.

Aun con toda la búsqueda y anticipación de cualquier pregunta sobre el texto, el maestro puede ser sorprendido por una pregunta sobre la cual no había pensado. Cuando esto acontezca, la mejor cosa es ser humilde y comprometerse con la clase para traer una palabra sobre el asunto en la próxima clase. De esa manera, el maestro demostrará seriedad y responsabilidad con su ministerio, además de recordar a sus alumnos que en materia de Biblia, en la práctica todos estamos siempre aprendiendo.

Sí el maestro es dedicado y celoso, un incansable investigador de la Palabra de Dios, difícilmente enfrentará dificultades ante su clase. La experiencia demuestra que al descuidar la investigación, muchos maestros de la Escuela Dominical terminan cayendo en el descrédito ante sus alumnos, impidiendo así su continuidad en la enseñanza cristiana.

4. Hacer un bosquejo detallado del texto

Después de leer el texto varias veces y de estudiarlo profundamente, el maestro está listo para hacer un bosquejo de forma detallada y secuencial. Divida el texto en partes, decida lo que será enseñado en cada punto, dimensione con base en las informaciones del capítulo anterior cada etapa de su lección.

Con el bosquejo, el maestro estará desarrollando un esquema que lo auxiliará en la exposición de su texto. En el bosquejo, el maestro cuenta con material considerable, fruto de su búsqueda que estructurará el contenido de su lección.

5. Aliste las enseñanzas más importantes de su texto

Con el transcurrir de su estudio, el maestro debe anotar las enseñanzas prácticas que se constituirán en material para el momento de la aplicación del texto bíblico durante la lección.[8] El maestro deberá pensar en sus alumnos, en la realidad de la vida de ellos. Cada texto de la Biblia está lleno de enseñanzas preciosas para nuestras vidas. La cuestión es tan solamente identificarlas y separarlas para utilizarlas posteriormente.

Una cosa muy importante a ser resaltada es el hecho de que las principales y más agudas enseñanzas de un texto no están en su superficie, sino en su profundidad. Entre más profundo sea el buceo, más cerca de los tesoros estará el maestro. Muchos erran y se quedan encharcados con algunas verdades de la superficie, se satisfacen con ellas y salen a compartirlas, sin haber buscado profundamente. Las más grandes bendiciones del estudio de la Biblia se encuentran como tesoros sumergidos, en el fondo, exigiendo tiempo, paciencia y valentía por la parte de aquél que quiere conquistarlos. El maestro de la Escuela Dominica debe ser apasionado por la Biblia, debe experimentar día a día los que el salmista llama *en la ley de Jehová está su delicia* (Sal 1:2). Esta delicia es plena cuando el maestro descubre, como un buzo desvendando, los misterios y las maravillas de la eterna Palabra de Dios.

Recuerde los pasos para una preparación bíblica adecuada:

- Leer varias veces el texto

- Usar material de consulta

[8] Véase, en el primer capítulo, el punto titulado "Aplicación".

- Hacer preguntas al texto
- Hacer un bosquejo detallado del texto
- Alistar las enseñanzas más importantes

PREPARACIÓN DIDÁCTICA

Espiritual y bíblicamente preparado, el maestro ahora se organizará didácticamente. Él debe escoger los métodos que empleará y que recursos didácticos necesitará. En este punto, es muy importante que el maestro haga uso, con creatividad, de los recursos disponibles para que la clase no sea monótona, repetitiva y desestimulante.

Estos son algunos de los recursos didácticos que el maestro puede usar para que su clase sea más atractiva e interesante:

La pizarra

La pizarra es tal vez el más común entre los recursos didácticos disponibles. Sin embargo, muchas veces el maestro enseña como si la pizarra no estuviera en la clase. La pizarra puede ser usada para anotaciones de bosquejos de la lección, exposición de tablas, explicaciones rápidas, etc. Un consejo bueno para el uso de la pizarra: el maestro deberá llegar más temprano para que pueda escribir anticipadamente las informaciones que precisará exponer a los alumnos. De esta manera, habrá economía de tiempo durante la lección. El uso adecuado de la pizarra, inclusive usando tiza colorida, ya es un excelente instrumento de motivación. La pizarra hace una apelación al visual del alumno, colocando en marcha un segundo sentido, mejorando las posibilidades de aprendizaje.

Rotafolio

Se trata de un instrumento didáctico de largo uso, tanto por la simplicidad de su confección, como por la practicidad de su uso. En él, el maestro puede colocar, página a página, bosquejos, ilustraciones, mapas, figuras, etc., o sea, todo el material necesario para la clase. Cuando es bien confeccionado, con un tamaño razonable, posibilitando la visión de todos, con creatividad en el uso de los colores y en el humor de las ilustraciones, el rotafolio se convierte en un poderoso recurso didáctico para el maestro.

Data-show

Su uso es limitado a ambientes que puedan ser oscurecidos. Se utiliza junto con un portátil ya que se debe preparar la presentación en Power Point y puede ser manipulado por el propio maestro por medio de un control remoto sin necesidad de ayudante.

Otros recursos

Hoy a cada día aparecen nuevos inventos que pueden auxiliar al maestro por lo tanto debe estar atento, por ejemplo a cómo puede aprovechar los E-books, tecnologías digitales holográficas y otras.

Aprovechando estos recursos y otros que el maestro conozca, la clase siempre tendrá atracciones interesantes, será un estímulo para los alumnos y un incentivo para que ellos aprendan de manera más eficaz la Palabra de Dios.

Vale la pena invertir en equipos didácticos. Es una bendición cuando la iglesia tiene la visión de equiparse de la mejor manera para viabilizar una enseñanza de calidad en la Escuela Dominical.

La preparación didáctica no termina en la selección y en el uso de los equipos; es necesario que el maestro piense en los métodos que usará en la clase. Sin el deseo de perfección técnica, enumeraremos algunos métodos[9] de enseñanza que juzgamos apropiados para una clase de Escuela Dominical.

Conferencia

Este método proviene de los primeros días de la actividad docente. En este método el maestro expone el contenido que será aprendido por los alumnos. Es un método demasiado criticado por varios motivos: la participación de los alumnos es pequeña, hay una tendencia a la masificación de la clase y la consiguiente desconsideración de las diferencias individuales,

[9] Ver COLEMAN, Jr., Lucien E. *Como Ensinar a Bíblia*. 2a. ed. Rio de Janeiro: Juerp, 1989, 202p. Ver también FORD, Leroy. *Planejamento do Ensino e Treinamento*. Rio de Janeiro: Juerp, 1990, 127p. Aún HENDRICKS, Howard. Ensinando para Transformar Vidas. Belo Horizonte: Betânia, 1991, 143p. Y otros libros que constan en las referencias bibliográficas, en el final de este libro.

se crean barreras que impiden a los alumnos hacer preguntas y contribuir en la construcción del aprendizaje colectivo, etc. Realmente es un método antipático, especialmente en los tiempos en que vivimos, cuando no se aceptan más posturas verticales y poseedores absolutos de la verdad.

Nuestra época exige que busquemos métodos y estrategias participativas para que haya aprendizaje. Es necesario presentar la enseñanza a partir de la realidad de vida del alumno a través de métodos menos restrictivos. Mismo que la conferencia sea criticada, y hasta rechazada, puede ser construida en un método aceptable, siempre que se mezcle con otros y se utilice con habilidad y maestría. Cuando una presentación es expuesta de manera creativa y educativa, es apreciada y hasta aplaudida. Lo que no puede ocurrir es aquel tipo de conferencia en que el maestro monopoliza el tiempo sin dar a los alumnos la oportunidad de participar.

Discusión

Tal vez es el método que más tiene que ver con la naturaleza humana. Hablar y expresar su punto de vista es característica inherente a cualquier persona. Este método consiste en la presentación de una situación-problema que será discutida por todo el grupo en la búsqueda de una solución. No se trata de un debate, pero sí de esfuerzo conjunto para la solución de un problema presentado. Para que ocurra una buena discusión, el problema presentado debe ser de interés para los alumnos, por lo que son naturalmente motivados a prestar su colaboración. La actitud del maestro en la discusión debe ser más en el sentido de estimular la participación de todos y recordar que respetar las opiniones ajenas es fundamental. El maestro observará a los estudiantes que no participan y les ofrecerá informaciones de guía y explicativas para ayudarlos en el curso de la discusión.

En este método un asunto es anunciado, definido y discutido. Después las posibles soluciones serán presentadas para las reflexiones y evaluaciones de la clase. El maestro ahora tiene más participación, aunque no coercitiva. De ello se desprende, entonces, la decisión final y la formulación de planes de acción.

El maestro tiene una posición estratégica en este método. Si él no sabe comportarse, actuar e interactuar con la clase, especialmente en momentos de definición de rumbo, se puede llegar al final de la lección sin ninguna conclusión formulada acerca del problema propuesto o, lo que sería peor, con un consenso formado alrededor de una postura equivocada con relación al problema. Para evitar tal catástrofe, el maestro debe organizar bien la lección, cronometrarla y gestionarla para que los resultados sean satisfactorios.

Discusión en grupos

Es diferente del método anterior por el hecho de que la discusión se procesa en pequeños grupos formados por los alumnos. La filosofía es la misma del método anterior, pero su ejecución es diferente.

Aquí, aspectos diferentes de una misma situación-problema son distribuidos a grupos más pequeños para discutir. Cada grupo tendrá un relator que tomará nota de las decisiones finales del mismo, con el fin de proporcionar el informe a la clase. El relator también se responsabilizará por controlar el tiempo de la discusión para no perjudicar las demás etapas del trabajo de cada grupo, que son:

- la identificación de posibles soluciones,
- la evaluación y
- la decisión final.

El tiempo debe ser bien administrado para evitar acciones precipitadas en la construcción de los informes. El asunto dado debe ser compatible con el tiempo designado. Cada grupo va a presentar su informe y toda la clase podrá apreciarlos e ir añadiendo aspecto por aspecto de la situación-problema presentada.

En la utilización de este método, el maestro anda de grupo en grupo intentando ayudar con informaciones y orientaciones. Él debe monitorear bien el tiempo y ayudar a los relatores de los grupos en el momento de la presentación de sus informes. Así, en el final de la lección, con la participación de todos, se verificará un aprendizaje substancial y una maduración en la relación entre los alumnos y el maestro.

OTROS MÉTODOS

Además de los métodos ya expuestos, existen varios otros que pueden ser utilizados en las clases de la Escuela Dominical. El de preguntas, que consiste en la preparación previa que agudizará la curiosidad intelectual de los alumnos; el de debate, que es el intercambio de opiniones en torno de un determinado tema de estudio; el drama, un método que busca instigar los alumnos a experimentar la realidad del texto de forma más intensa y a involucrarse con la trama del mismo, etc.

El maestro deberá escoger cual es el método más apropiado para el tipo de lección que enseñará, como también cual se aplicará con mayor eficacia a la naturaleza de la clase. Es importante que el maestro use métodos variados hasta identificar aquellos que se adaptan mejor a sus alumnos, motivándolos a la investigación y al estudio de la Palabra de Dios.

Aún existe la posibilidad del maestro combinar varios métodos, usándolos en diferentes momentos de la lección, o incluso hacer uso de porciones de uno y de otro para el mejor desarrollo de su clase. Lo que no puede ocurrir es una clase sin ningún método, porque el resultado en estos casos es una enorme pérdida de tiempo, y hasta los mismos alumnos podrían organizar su propio método, que no siempre satisfará plenamente las exigencias de la clase. Tener un método consiste en elegir un camino, y sin un camino claramente definido, es difícil llegar a alguna parte.

3

¡QUE GENTE DESINTERESADA!

Como motivar sus alumnos para que se involucren con el estudio de la Biblia

Ten cuidado de ti mismo y de la doctrina; persiste en ello, pues haciendo esto te salvarás a ti mismo y a los que te escuchen. (1 Tim 4:16).

Los maestros reclaman mucho por la falta de interés de los alumnos en las clases de la Escuela Dominical. Por otro lado, hay bastantes quejas de los alumnos acerca de la calidad de las enseñanzas de sus maestros. Esto demuestra que falta la motivación para que los alumnos se sientan cómodos para asistir al estudio en clase.

No vamos a entrar aquí en el viejo debate sobre el origen y la influencia de la motivación en el aprendizaje. Más bien, nuestra intención es ofrecer ciertas sugerencias a los maestros en las actitudes y procedimientos que pueden contribuir al despertamiento y al aumento del interés de parte de los alumnos por el estudio de la Palabra de Dios en las clases de la Escuela Dominical.

Nuestra tesis es que hay algo que el maestro puede hacer. Existe una contribución para prender o reavivar la llama del interés de los alumnos por el estudio de la Biblia. Veamos, entonces, como un maestro puede cooperar para que la experiencia de estudiar la Biblia en las clases de la Escuela Dominical sea gratificante y positiva para la vida de los alumnos.

TOME EN SERIO EL ESTUDIO DE LA BIBLIA

Cuando un maestro estudia la Biblia con seriedad, lo que implica hacerlo con profundidad, los alumnos sienten el impacto y los efectos de eso durante la lección. Cuando se dan cuenta de que su maestro se ha profundizado en el estudio del texto bíblico a fin de prepararse para enseñarles, los alumnos, naturalmente, valorizan y se sienten motivados a dedicarse más al estudio de la Palabra de Dios. Al contrario, si notan superficialidad en su maestro, los alumnos tienden a alejarse de la clase y cuando se quedan, lo hacen sin ningún interés en lo que el maestro está diciendo.

Quién ha sido estudiante sabe que es horrible tener que asistir a la clase de un maestro que demuestra claramente la ignorancia de los asuntos que debería enseñar y el desprecio por la disciplina que enseña. De la misma forma, cuando un maestro de la Escuela Dominical demuestra menosprecio por la enseñanza de las Escrituras, cuando siempre está sin preparación, nunca puede responder las preguntas, siempre está posponiendo los problemas y actúa como si no le importara lo que los alumnos van aprender o no, el resultado es simplemente desastroso para la Escuela Dominical y para la iglesia.

Sólo puede estar por delante de una clase alguien que está dispuesto a tomar en serio el estudio de la Palabra de Dios.

SEA PUNTUAL Y DILIGENTE

Cuando llegan en la clase, los alumnos deben ser saludados por el maestro. Él debe ser siempre el primero a llegar. Ya preparó el ambiente para la enseñanza del día, ya verificó si todo está en orden: tiza, enchufes, transparencias, posición de las sillas, iluminación, material didáctico, etc. El maestro debe empezar y terminar su clase siempre en el horario establecido, y evitar retrasos y extensiones de la hora innecesarias. Si necesita faltar un día, por un motivo absolutamente necesario, debe preparar la clase para su ausencia, informando anticipadamente quien lo estará sustituyendo y preparando su sustituto que cumpla el horario de la misma forma,

La puntualidad y la diligencia del maestro son elementos motivadores para la puntualidad y la diligencia de los alumnos. Cuando el maestro no toma en serio este aspecto de su trabajo, la tendencia es que los alumnos hagan lo mismo y también que lo critiquen por la falta de compromiso demostrada.

SEA CREATIVO Y DINÁMICO EN SUS LECCIONES

Hemos comentado sobre lo horrible que es asistir a la clase de un maestro sin preparación. Es muy desagradable participar, también, de una clase aburrida, monótona, donde el maestro habla todo el tiempo y de forma lenta. ¡Nadie aguanta! ¡Es horrible! Vivimos en la época de la velocidad, de la instantaneidad, de la agilidad de información y de la automatización en todos los segmentos de la sociedad. No se puede soportar lentitud en la enseñanza de la Escuela Dominical. El maestro debe colocar su cabeza para funcionar y pensar sobre formas creativas y atractivas, y con buen humor, para ministrar la Palabra a los alumnos,

Las clases deben ser dinámicas. El maestro no puede ser estático en la clase. Debe haber movimiento, uso de los recursos que ya fueron presentados, novedades, que revivan la atención de los alumnos. Un comercial de TV dura entre 15 y 30 segundos, y en este corto espacio de tiempo las agencias de publicidad recorren a todo lo posible para mantener la atención del espectador: música, movimiento, escenas rápidas, palabras escritas, etc. ¿Ha notado que en periodismo televisivo, el reportero cambia de foco (para la derecha, para la izquierda, más cerca y más lejos) a cada 10 o 15 segundos? Está comprobado que para mantener la atención de los alumnos en el mismo ambiente durante 50 minutos se necesita mucho dinamismo; de lo contrario, la clase será aburrida y no deseada.

PLANIFIQUE LECCIONES ENVOLVENTES

Ese modelo de clase donde los alumnos permanecen sentados en la misma posición, de principio a fin, está completamente ultrapasado. Sabemos que muchas iglesias todavía usan este sistema arcaico y negativo para la enseñanza en la Escuela Dominical. Nuestro deseo es que estas iglesias alcancen el progreso en lo que se relaciona a la enseñanza bíblica. Carl Rogers presenta un enfoque interesante en esta área, tratando sobre El Proceso Educativo y su Futuro.[10] Él compara el modelo tradicional de educación con lo que él llama el aprendizaje centrado en la persona. Una cosa que vale la pena destacar es que en el pasado no se tomaba en cuenta el potencial, el conocimiento y la cultura del alumno. Insistir en seguir ese modelo hoy día es una actitud infructífera y condenada al fracaso.

En la Escuela Dominical las clases deben ser envolventes. Los alumnos necesitan sentirse libres de contribuir, por supuesto, de una manera planeada y facilitada por el maestro. Tanto en la metodología adoptada como en su aplicación, la clase debe envolver a los alumnos de tal manera que gratifique a todos por el sentimiento de haber participado en el descubrimiento de verdades eternas.

NO SEA DESCUIDADO CON LA APLICACIÓN

Usted se recuerda que sugerimos que para la aplicación debe dedicarse 40% del tiempo de la

[10] ROGERS, Carl R. *Um jeito de Ser*. São Paulo: EPU, 1983, p. 91-120.

clase. Se trata de la parte más importante de la clase en referencia a la utilidad para la vida del alumno. La experiencia muestra que cuando el maestro hace aplicaciones agradables, directas que tienen que ver con la realidad de vida de sus alumnos, el interés por el estudio de la Biblia crece de forma visible e indiscutible. El alumno desea saber, en definitiva, la información que está recibiendo del texto bíblico tiene que ver con su vida diaria. Si el maestro, al aplicar el mensaje bíblico, puede satisfacer su preocupación, el resultado será que la Biblia se convertirá en un libro relevante y pertinente a su realidad.

Cuando no ocurre una aplicación importante, la clase se vuelve teórica, sin demostrar la relevancia de las enseñanzas bíblicas al presente, y es condenado al olvido. Si exhibe excelente nivel de información, llega a ser un mero ejercicio intelectual, momentáneo y pasajero.

Para aplicar correctamente la lección, el maestro debe conocer bien sus alumnos y su realidad de vida. Más adelante discutiremos eso, pero por el momento es importante entender que la aplicación no puede prescindir de un conocimiento razonable de las necesidades de los alumnos por parte del maestro. Ésta es una de las cuestiones más importantes en relación al maestro de la Escuela Dominical. Él es diferente del maestro de matemática o de biología de la escuela secular. El maestro de la Escuela Dominical tiene un compromiso con la vida de sus alumnos y no apenas con el intelecto de ellos. No se interesa en transmitirles solamente informaciones; desea transmitirles vida y al conocerlos bien, será capaz de aplicar en sus vidas los principios de la Palabra de Dios.

VIVA LO QUE ENSEÑA

Sin duda, aquí está el principal elemento motivador de los alumnos de una clase en la Escuela Dominical: la vida del maestro. Cuando el maestro consigue demostrar, a través de sus actitudes y comportamientos, que busca colocar en práctica, en su propia vida, los principios que enseña en la clase, sus alumnos verificarán que es posible practicar la Biblia en el día a día.

Muchos maestros se equivocan al pensar que fuera de la sala de clase no son observados por sus alumnos. De hecho, todos los alumnos observan sus maestros, y lo triste es que cuando ven que no le importa un comino lo que les enseña dominicalmente. Se puede observar con bastante claridad el desastre que es tener ante una clase de la Escuela Dominical a alguien cuya vida no constituye un ejemplo para sus alumnos. Es la anti enseñanza, un esfuerzo tremendo en el sentido opuesto a los objetivos y postulados de la iglesia de Dios.

La actitud del maestro siempre debe ser de piedad y sumisión a la Palabra de Dios. Al encontrar alguna enseñanza o principio bíblico que aún no práctica en su propia vida, debe ser humilde en empezar a practicarlo. Así podrá ganar más autoridad ante sus alumnos y reforzará en ellos el sentimiento del valor de la Biblia como orientadora de sus actitudes y acciones. Al ver que el maestro se esfuerza para vivir de acuerdo con la Palabra de Dios, serán motivados a hacer lo mismo.

Se ha dicho que hoy vivimos una crisis de modelos sin precedentes en la historia. Lo que llama nuestra atención como maestros de la Escuela Dominical es la responsabilidad que tenemos ante aquellos que son nuestros alumnos. Somos responsables por ellos y por su crecimiento espiritual saludable y coherente.

SEA UN CREYENTE INTEGRADO EN SU IGLESIA

Un maestro de la Escuela Dominical es un cristiano genuino e integrado en la iglesia con la cual coopera, y se constituye en un tremendo instrumento en las manos de Dios para la edificación de sus alumnos. Su participación inspira a sus alumnos a involucrarse con las cosas de Dios. Aquí están algunos aspectos de esta integración que consideramos apropiados para enfatizar en este punto:

PRESENCIA EN LOS CULTOS Y EN LAS ACTIVIDADES DE LA IGLESIA

Un maestro de Escuela Dominical que no participa asiduamente de los cultos y de las actividades de su iglesia jamás motivará a sus alumnos a favor de los objetivos de la iglesia. Siempre será un pez fuera del agua. Sus alumnos aprenden con su mal ejemplo a ser miembros desinteresados y desinformados, siempre distantes de la vida de la iglesia. Maestros presentes en los cultos y en los trabajos de la iglesia siempre son buenos ejemplos de cooperación e integración.

Fiel en los diezmos

Volvemos a enfatizar que el maestro de la Escuela Dominical debe ser fiel en los diezmos. Él entiende la doctrina bíblica del diezmo y lo concibe como el método de Dios para sostener la obra. No es de aquella personas que viven dando disculpas para no dar el diezmo, ni aquel tipo de creyente que se esconde atrás de la orientación del Nuevo Testamento según la cual cada uno debe contribuir de acuerdo con lo que propuso en su corazón para nunca contribuir o dar el diezmo. Para estar ante una clase de la Escuela Dominical en la calidad de maestro, debe dar fielmente su diezmo al Señor.

Distante de los vientos de doctrina

De vez en cuando surgen dentro de la iglesia personas o grupos de personas con tendencias doctrinarias diferentes de las establecidas y aceptadas por la iglesia. Normalmente, la persona se siente insatisfecha con su iglesia y pasa a frecuentar otra de confesión diferente. No contenta con permanecer en la nueva iglesia, regresa a la iglesia de origen para ganar adeptos y tratar de convencerlos del error de las doctrinas que profesan. Si un creyente debe abstener de cualquier aproximación de este tipo, ¿qué se dirá de un maestro de la Escuela Dominical? Él nunca debe involucrarse con este tipo de movimiento. Por lo contrario, debe permanecer firme en las doctrinas que abrazó con su iglesia. El maestro desempeñará el papel de maestro, respondiendo las dudas y demostrando a sus alumnos y a los demás miembros de su congregación las bendiciones de la fidelidad doctrinaria.

Éticamente correcto en su vida

Cumplidor fiel de sus deberes y de su palabra, el maestro de la Escuela Dominical siempre trata de dar un buen testimonio ante la sociedad. Dentro de la iglesia no se involucra en la calumnia, chismes, conspiraciones y maquinaciones que sólo destruyen los lazos de hermandad cristiana. Vale la pena hacer una lectura cuidadosa de Proverbios 6:16-19 para ver como Dios abomina los que andan por este camino. El maestro sabe que su vida es una constante referencia para otros, y entiende que nunca puede involucrarse en situaciones ambiguas o de carácter cuestionable. Siendo ejemplo ante sus alumnos en la conducta ética, el maestro también los estará motivando al estudio de las Escrituras.

Aquí no fueron presentadas técnicas de motivación, porque aún existen muchas dudas sobre su eficacia práctica para el aprendizaje. Sin embargo, hemos visto actitudes motivadoras del maestro hacia sus alumnos. En la medida en que el maestro se esfuerce en estas actitudes, sus alumnos serán estimulados para vivir una vida cristiana auténtica y dinámica bajo el señorío de Jesucristo.

4

LA BIBLIA: ¡QUE LIBRO COMPLICADO!

COMO INTERPRETAR Y ESTUDIAR LA BIBLIA DESCUBRIENDO SUS MARAVILLAS

Ocúpate en la lectura, la exhortación y la enseñanza (1 Tim 4:13).

Estamos distantes del mundo de la Biblia cultural, geográfica y cronológicamente. Naturalmente, este hecho dificulta el entendimiento de las Escrituras, pues ¿cómo entender hoy, casi dos mil años después de Cristo, escritos con fecha de hasta 3.500 años atrás? De ahí la razón por la que muchas personas no comprenden plenamente la Palabra de Dios y creen que ella es difícil y complicada.

Por la misma razón, se entiende la aparición de tantas herejías y distorsiones teológicas, porque al interpretar la Biblia sin criterios serios, muchos acaban afirmando doctrinas y posturas que la Biblia no menciona ni autoriza.

La única manera para una persona comprender la Palabra de Dios es dedicarse a su estudio de forma celosa y disciplinada. Como dice Paulo Freire: "Estudiar es, realmente, un trabajo difícil. Exige una postura crítica y sistemática de aquel que lo hace. Exige una disciplina intelectual que no puede ser conseguida a no ser por la práctica."[11]

Sólo será posible entender la Biblia con un trabajo serio, haciendo uso de los principios de interpretación universalmente aceptados y difundidos. Estos son los principios que, una vez observados, abren ante el estudiante las puertas de acceso a verdades eternas. Dios, por su Espíritu Santo, capacita al ser humano para comprender el texto sagrado a través del uso de estos principios.

ALGUNOS TÉRMINOS CLAVE

Antes de hacer una exposición de los principios de interpretación de la Biblia, se procederá a una definición de términos, tanto para evitar la confusión en el entendimiento, como para ubicar al lector amado, ayudándolo a encontrarse en el espectro de la revelación de Dios.

REVELACIÓN: El uso de esta palabra hoy es hecho de forma completamente diferente de su sentido original. La palabra revelación en el Antiguo Testamento es galah y significa descubrir, mostrar lo que está encubierto. En el Nuevo Testamento la palabra es apokálypsis, que significar quitar el paño,

[11] FREIRE, Paulo. *Ação Cultural para a Libertação.* 5ª. ed. Rio de Janeiro: Paz e Terra, 1981, p. 9

o abrir la cortina o el telón. La idea viene del teatro griego, y el momento en que se abría el telón y la audiencia podía ver lo que estaba atrás, escondido. Teológicamente, revelación es el acto de Dios en que Él se da a conocer al hombre. Es el propio Dios quien se revela al ser humano y lo hace de forma general, por medio de la naturaleza creada (Sal 19:1) y, de manera especial, a través de su hijo Jesús (Jn 1:18).

INSPIRACIÓN: Al revelarse, Dios deseó que las generaciones futuras tuvieran acceso a su revelación. Por esta razón, Él capacitó al hombre para que registrara Su revelación. A esta capacitación llamamos inspiración. Por eso leemos en 2 Timoteo 3:16: *Toda la Escritura es inspirada por Dios y útil para enseñar, para redargüir, para corregir, para instruir en justicia.* La expresión "inspirada por Dios" es traducción del griego theopneutos (theós [Dios] + pneutos [soplo]), con el sentido de que la Escritura tiene su origen en el propio Dios que la transmitió al hombre para que éste la registrase. El resultado de la inspiración es la Sagrada Biblia, que sabiamente ha sido definida como el registro de la revelación de Dios.

ILUMINACIÓN – Dios se reveló e inspiró a los hombres para que registraran su revelación. Pero con el pasar del tiempo, el sentido que fue registrado corría el riesgo de perderse y las futuras generaciones ser privadas del registro de la revelación de Dios. De ese modo, a lo largo de los siglos y de los milenios, Dios ha capacitado personas para interpretar el registro de su revelación, la Biblia. A esto llamamos iluminación, es decir, Dios usando al hombre para interpretar su Palabra.

A este conjunto de definiciones algunos llaman "triada revelatoria". Observe que no hay más revelación en el sentido teológico de la palabra; lo que Dios deseó revelar al hombre a respecto de sí, ya lo hizo. Tampoco existe más inspiración; lo que debería ser registrado de la revelación de Dios, ya fue. Lo que existe hoy es iluminación. Dios continua y continuará capacitando y usando personas para interpretar su Palabra.[12]

Precisamente es en este contexto de iluminación que se encuentra la tarea del maestro de la Escuela Dominical como intérprete de la Biblia. El Espíritu Santo iluminará el maestro para que, basándose en los principios de interpretación, entienda y transmita a sus alumnos la Palabra de Dios.

PRINCIPIOS DE INTERPRETACIÓN DE LA BIBLIA

Como intérprete de la Palabra de Dios, el maestro de la Escuela Dominical cumple una misión sublime. Primero, porque al cumplirla buceará en el maravilloso mundo de la Biblia. Después, porque descubrirá verdades y principios eternos que influenciarán y moldearán, en primero lugar, su propia vida y, finalmente, porque sentirá la felicidad de transmitir a sus alumnos, no algo vago o producto de la búsqueda de otro, pero si, el resultado de su propio trabajo de investigación.

[12] Para una explicación más exhaustiva de los conceptos descritos, ver VIERTEL, Weldon E. *A Interpretação da Bíblia*. Rio de Janeiro: Juerp, 1979, 200p.

Sin duda, estos principios ayudarán al maestro en su tarea de estudiar las Escrituras:

Principio del contexto

De acuerdo con este principio, cada texto pertenece a un determinado contexto, razón por la cual no puede ser interpretado aisladamente. El maestro debe identificar el contexto inmediato, o sea, el trecho o capítulo bíblico en el cual el texto se encuentra; y también su contexto amplio, o sea, la sección del libro bíblico, o mismo el libro bíblico, al cual el texto pertenece. Todo texto bíblico es coherente con sus contextos inmediato y amplio. Al comprender el sentido de su contexto, el maestro tendrá mejores condiciones de interpretar el texto.

Aquí va una advertencia para que tengamos cuidado con grupos y líderes religiosos que fundamentan sus doctrinas y sus enseñanzas en textos aislados de la Biblia, ignorando por completo el contexto de los mismos.

Principio gramatical

Siguiendo este principio, el maestro se ocupará con el significado de palabras y expresiones del texto. A menudo, cuando se estudia el significado de una palabra o de una expresión del texto, encontramos matices muy importantes para su interpretación. Además, a lo largo de los siglos y milenios, el uso y el significado de las palabras han sufrido cambios, por lo que el maestro tendrá que usar herramientas de investigación para comprender el significado del texto a sus destinatarios originales. Sólo después de saber lo que significaba el texto a sus primeros lectores es que el maestro podrá descubrir su significado para hoy.

La investigación gramatical destaca, por lo tanto, el significado de las palabras y su función en el texto. Se centra en la identificación de este significado, por lo que los sujetos, verbos, predicados, las puntuaciones, pronombres, adjetivos, etc., forman el universo de este importante principio para la interpretación de las Escrituras.

Debemos recordar que la Biblia fue originalmente escrita en tres lenguas: hebreo, arameo y griego. Sin embargo, la Biblia que tenemos en nuestras manos es una traducción. Es prioritario un trabajo serio y dedicado para que el significado de las palabras y el sentido de las expresiones del texto sean claros en la mente y en el corazón del maestro.

A menudo notamos que el problema ni siquiera llega a ser de interpretación, sino de lectura. Una lectura descuidada dificultará considerablemente el entendimiento del texto. El maestro debe tener buen cuidado de la lectura del texto, observando la puntuación, los tiempos verbales, los plurales, etc. Un texto leído y entendido de manera satisfactoria es estar a medio camino de tener una interpretación eficaz.

Principio histórico

Todo texto a ser estudiado fue producido en una determinada realidad histórica, o sea, tiene a ver con ciertas situaciones sociales, culturales, geográficas, políticas y hasta filosóficas. De este modo, para que el maestro de la Escuela Dominical pueda entender bien el texto bíblico, deberá entender el contexto histórico en el cual fue producido y también el contexto al cual se refiere.

Es muy importante que el maestro no se descuide de este principio, la cual puede aclarar muchas cosas en la Palabra de Dios. Por ejemplo: los nombres de lugares como Samaria, Jerusalén; de partidos políticos y de sectas como los fariseos y saduceos; problemas socio-culturales, como la disensión entre los judíos y los samaritanos en la época de Jesús. El contexto histórico debe ser bien entendido para que el texto bíblico sea interpretado correctamente.

Para observar este principio de manera satisfactoria, el maestro tendrá que recurrir a enciclopedias bíblicas, manuales, diccionarios y comentarios sobre los libros de la Biblia. De ahí apuntamos la importancia del maestro de formar su biblioteca particular, con todas estas herramientas útiles para la investigación bíblica.[13]

[13] Al final de este libro encontrará una sugerencia de biblioteca básica para el maestro de la Escuela Dominical. Para construirla usted podrá hacer un plan de ir comprando las obras de acuerdo con los recursos que tenga a disposición.

PRINCIPIO TEOLÓGICO

De acuerdo con este principio, el maestro debe observar y estudiar en cada texto bíblico los aspectos doctrinales. Que dice el texto acerca de Dios, Jesucristo, el Espíritu Santo, la creación, el pecado, la salvación, la iglesia, las últimas cosas, etc.

El texto sagrado está lleno de informaciones de carácter doctrinal que, cuando se entiende, construye una concepción teológica para el estudiante de las Escrituras. En cada texto hay algo sobre alguna doctrina que debe ser resaltado y aprendido. Aquí está uno de los principios más importantes para una buena interpretación de la Palabra de Dios.

El crecimiento doctrinal de los alumnos de la Escuela Dominical está directamente relacionado con el uso adecuado de este principio, pues si el maestro no lo sabe observar, los énfasis doctrinales o teológicos del texto pueden hacerse a un lado o ser tratados de manera inapropiada. El resultado será la pérdida de la valiosa oportunidad para el crecimiento doctrinal de los alumnos.

PRINCIPIO PRÁCTICO

Teniendo en cuenta la distancia entre el mundo de la Biblia y el mundo actual, el maestro no puede dejar de tener en cuenta la realidad actual en la interpretación del texto bíblico. De este modo, los principios y las verdades bíblicas aprendidas deben aplicarse correctamente a las necesidades del ser humano de la actualidad.

Los principios anteriores ayudan al maestro a entender mejor el mundo de la Biblia; el principio práctico le ayudará a aplicar las lecciones aprendidas para el mundo de hoy. De este modo se evita que la interpretación sea una mera reconstrucción histórico-filosófica y, por tanto, irrelevante para el hombre de hoy.[14]

Es a través de la utilización de este principio que el maestro descubrirá como hacer que la Biblia se torne un libro pertinente y relevante para el hombre de hoy. Este puente entre el mundo de la Biblia y el de hoy traerá a la realidad de los alumnos de la Escuela Dominical las enseñanzas eternas de la Palabra de Dios. Una correcta interpretación de la Biblia es un aspecto práctico que no puede ser ignorado o depreciado.

MÉTODOS DE ESTUDIO BÍBLICO

Además de conocer los principios de interpretación de la Biblia, el maestro debe aprender también los diversos métodos para su estudio. Son caminos, varias alternativas, que fueron desarrolladas y probadas con el propósito de auxiliar el estudiante en esta tarea maravillosa de descubrir las verdades de la Biblia.

[14] Para una visión práctica sobre la aplicación de la Biblia a los problemas y situaciones contemporáneos, ver DORNAS, Lécio. *O Jornal e a Bíblia*. Cuiabá: Edição do Autor, 1996, 102p.

Sin embargo, vale la pena destacar, que los principios de interpretación deben ser observados independientemente del método de estudio escogido. No se puede confundir los métodos para el estudio de la Biblia con los principios para su interpretación. Éstos se encargan de descubrir significados, aquellos de las estrategias de búsqueda. Los dos son importantes para el trabajo del maestro de la Escuela Dominical, pero deben ser tenidos en cuenta, considerando la naturaleza y el alcance de cada uno.

Enumeraremos los principales y más generalizados métodos para el estudio de la Biblia. Sabemos que existen otros y que cada día surgen nuevos[15]. Sin embargo, los que analizaremos aquí constituyen una fuente de información importante y de ayuda para el maestro de la Escuela Dominical.

ES ESTUDIO DE UN VERSÍCULO DE LA BIBLIA

Es posible estudiar un versículo por sí solo de la Biblia. Tenga en cuenta que estamos usando el verbo estudiar, o sea, descubrir el significado de un versículo a la luz de los principios de interpretación de la Biblia que vimos anteriormente. Esto no es para tratar por separado un versículo para extraer de él doctrinas o dogmas, sino para que a partir de él llegar al descubrimientos de principios y verdades eternas.

[15] Para más aclaraciones sobre los métodos de estudio de la Biblia, ver HENRICHSEN, Walter A. *Métodos de Estudo Bíblico.* 5a. ed. São Paulo: Mundo Cristão, 1993, 117p.

Para estudiar un versículo de la Biblia, se deben seguir los siguientes pasos:

1. *Identifique y examine el contexto* – Analice la porción bíblica a la cual pertenece el versículo. Busque el contexto geográfico, social y cultural. Usted debe estar seguro del momento histórico a que el versículo se refiere y entenderlo a la luz de esta situación histórica.

2. *Investigue el texto* – Esto significa hacer preguntas al texto. Anote sus observaciones, dudas, aplicaciones y cualquier dificultad en el texto. Investigue todo lo que pueda sobre las informaciones e inferencias del texto. Asegúrese de entender lo máximo posible sobre el significado del texto.

3. *Reescriba el versículo en sus propias palabras* – Después de haber leído y estudiado lo suficiente, reescriba el versículo usando un vocabulario común, mismo que usted necesite de más o de menos palabras y que necesite citar algún ejemplo para explicar lo que ha leído. Haga una redacción propia del versículo.

4. *Examine las referencias* – Usando su Biblia, identifique las referencias que figuran en el versículo. Lea cada una de ellas. Eso le permitirá ver otras ideas y situaciones relacionadas con el texto o el contexto.

5. *Seleccione aplicaciones* – Entre las lecciones que ha aprendido en el texto estudiado, seleccione las que han hablado a su corazón de manera más directa. Piense en sus alumnos, y vea cuales le parecen más

útiles. Entre todas las aplicaciones seleccionadas, elija una, que de hecho le ha hablado con mayor impacto.

EL ESTUDIO DE UN CAPÍTULO DE LA BIBLIA

La preocupación central del maestro para elegir este método es averiguar lo máximo que un determinado capítulo le puede enseñar. Hay capítulos bíblicos que fueron más difundidos y se volvieron famosos y más conocidos que otros. Algunos ejemplos son: el capítulo de la creación (Gn 1), el de los diez mandamientos (Éx 20), el del buen pastor (Sal 23), el del amor (1 Co 13), y el de los héroes de la fe (Heb 11).

En casi todos los capítulos de la Biblia hay muchas enseñanzas y lecciones preciosas para nuestra vida. Por esta razón, tenemos un método para estudiarlos. Para obtener el máximo de un capítulo de la Biblia, siga estos pasos:

1. Lea el capítulo con atención

Lo ideal es realizar varias lecturas, utilizando diferentes versiones de la Biblia. El objetivo es que el maestro se familiarice bien con el texto. En una hoja aparte, escriba sus comentarios, dudas y posibles aplicaciones, todo lo que se encuentra durante las lecturas.

2. Identifique la estructura del capítulo

Significa identificar las cuestiones abordadas en el capítulo, separándolas con el fin de tratarlas de forma individual. Esta estructura ayudará el maestro a conocer el progreso o la evolución del pensamiento del autor en aquel capítulo y entender la secuencia del mismo. Continúe trabajando con la hoja de papel, apuntando observaciones y detalles del texto.

3. Verifique el contexto

Esto quiere decir, en este caso, el libro de la cual forma parte el capítulo. Cuáles son las informaciones disponibles sobre el libro, su propósito, su mensaje, situación histórica en que fue escrito, etc. Cada capítulo desempeña un papel y cumple una misión dentro del libro. especialmente cuando es estudiado uno de aquellos capítulos más conocidos. Es necesario tener mucho cuidado para no tratarlo aisladamente, sin considerar su contexto.

4. Pregunte al texto

Al igual que en el método anterior, cuestione todo e investigue al máximo el texto en estudio. Utilice la hoja en la cual usted ha estado haciendo notas para ayudarle ahora a investigar el texto. Cuanto más amplia sea su búsqueda en este paso, más profundo será su estudio del capítulo.

5. Amplíe el horizonte de la investigación

Averigüe como otros pasajes de la Biblia contribuyen a una buena comprensión a los asuntos identificados en el capítulo. Esto puede complementar otros materiales de apoyo ya mencionados.

6. Haga un esquema del estudio

El maestro ya puede hacer una lista de los asuntos del capítulo, destacando en cada punto las lecciones o aplicaciones que sean realmente importantes para su vida y para la vida de sus alumnos. Al final de este paso, el maestro tendrá un bosquejo listo y podrá enseñar el capítulo bíblico estudiado.

EL ESTUDIO DE UN ASUNTO DE LA BIBLIA

A veces el maestro estará no precisamente ante un texto bíblico, sino de un asunto para ser estudiado. Necesitará de un método que se fundamente no en un pasaje determinado, pero sí en un asunto específico. Fe, santidad, pecado, mayordomía, adoración, misiones, son algunos ejemplos de asuntos que pueden ser estudiados a la luz de la Biblia. Estos son los pasos para el estudio de un asunto bíblico:

1. Delimite el alcance del estudio.

Frente a un tema que para estudiar, se requiere una delimitación del alcance del estudio. Por ejemplo, si el maestro desea estudiar sobre el pecado, demorará mucho para estudiar el asunto en toda la Biblia; por eso sugerimos la delimitación. De ese modo, podrá estudiar el pecado a la luz de los Evangelios, o de una determinada epístola, incluso de un determinado período histórico. Lo importante es que la delimitación haga factible el estudio.

2. Descubra los pasajes relevantes.

Usando una buena concordancia y un buen diccionario bíblico, encuentre los textos que tratan del asunto que será estudiado dentro de la delimitación establecida. Trate de ser lo más completo posible en este paso para que su estudio sea más amplio.

3. Entienda el contexto de los pasajes.

Quizás sea el paso más laborioso, pero el maestro debe hacer un estudio del contexto de cada pasaje seleccionado. Esto le dará una idea de la realidad histórica de su tema expuesto en el texto. Sin este paso, el estudio podría convertirse en una maraña de textos unidos por palabras, y no por significado, lo que sería infructuoso.

4. Anote observaciones y aplicaciones.

En una hoja separada, escriba todo lo que cada pasaje dice acerca del asunto. Anote también observaciones y aplicaciones prácticas referentes al tema en estudio.

5. Organice su estudio.

Haga un bosquejo que cubra todo lo que usted aprendió sobre el tema estudiado. Usted debe trabajar con el fin de facilitar el entendimiento progresivo del asunto.

6. Identifique nuevas informaciones.

Escriba las nuevas informaciones que descubrió sobre el asunto. Haga una lista de lecciones prácticas e importantes que el estudio le trajo. Haga un propósito ante Dios para practicar las nuevas lecciones aprendidas. Comparta con sus alumnos, de forma organizada y secuencial, aquello que usted aprendió.

EL ESTUDIO DE UN PERSONAJE BÍBLICO

Tal vez este sea uno de los métodos más fascinantes para el estudio de la Biblia. Su propósito principal debe ser descubrir informaciones sobre la vida de un personaje bíblico, con sus debilidades y virtudes, con el objetivo de aprender lecciones que deben ser aplicadas en la propia vida de aquel que estudia. Observe como este método puede ser usado.

1. Elija el personaje y haga una lista de pasajes bíblicos

Al elegir un personaje bíblico, use una concordancia y un diccionario bíblico para hacer la lista de pasajes que tratan de la vida del personaje y hacen referencia a él. Las referencias de la propia Biblia le ayudarán.

2. Haga un resumen de la vida del personaje

Después de leer cada texto alusivo al personaje que se está estudiando, escriba en una hoja, con sus propias palabras, un resumen de la vida de él. Este procedimiento le ayudará a entender el desencadenamiento de los acontecimientos que marcaron la vida del personaje.

3. Identifique debilidades y virtudes

Haciendo uso de cada pasaje que usted ha enumerado, divida una hoja en dos columnas, y escriba en una las debilidades, y en la otra, las virtudes del personaje.

4. Comparece con el personaje

Vea cuales son los puntos comunes y los inusuales entre usted y el personaje estudiado. Descubra en los pasajes bíblicos enumerados como el personaje reaccionó frente a las situaciones que resaltaron sus debilidades y también como enfrentó aquellas que mostraron sus virtudes. Así descubrirá lo que Dios le quiere enseñar sobre sus propias debilidades y virtudes.

5. Organice la biografía del personaje

Separe la vida del personaje por épocas, eventos o etapas. Haga esto de tal forma que, al mirar en su bosquejo, la vida y las enseñanzas extraídas de la vida del personaje claramente le vengan al corazón.

¿LIBRO COMPLICADO?

Ante lo que fue presentado en este capítulo, el maestro de la Escuela Dominical entiende que la Biblia no es un libro tan complicado. Es necesario determinación y disciplina para interpretarla y estudiarla correctamente, y rápidamente sus maravillas aparecerán. La alegría y la satisfacción de descubrir los tesoros de la Palabra del Señor y el sentimiento de felicidad de ver sus alumnos con el corazón en fuego por las Escrituras recompensarán el maestro. Así él se sentirá satisfecho por cumplir con celo y alegría su deber. El maestro podrá decir con júbilo junto con el salmista: *¡Cuánto amo yo tu Ley! ¡Todo el día es ella mi meditación!* (Sal 119:97).

5

MI IGLESIA NO VALORA LA ESCUELA DOMINICAL

COMO AYUDAR SU IGLESIA A CRECER A TRAVÉS DE LA ESCUELA DOMINICAL

Abre su boca con sabiduría y la ley de la clemencia está en su lengua (Pr 31:26).

He notado unas quejas generales. Primero, hay maestros quejándose que sus alumnos no estudian la lección ni realizan las lecturas diarias. Segundo, alumnos se quejan de maestros que no se preparan y dan clases aburridas y sin motivación. Tercero, son los pastores quejándose por la falta de líderes para la Escuela Dominical. Y por último, están los líderes quejándose de la falta de apoyo de sus pastores. ¡Parece que nadie está satisfecho con el actual desempeño de la Escuela Dominical! Si nos detenemos a analizar, cada crítica tiene cierto grado de fundación; todos tienen algún nivel de razón, desde su perspectiva.

El hecho es que la Escuela Dominical vive días de indiferencia por parte de muchos. Necesitamos construir una escala para identificar donde comienza esta cadena de desinterés por el estudio de las Escrituras en la iglesia. Sabemos, por experiencia de muchos años en la enseñanza por diversas partes del país y en el exterior sobre la enseñanza en la Escuela Dominical, que hoy vivimos una realidad completamente diferente a la de algunas décadas atrás. Es de conocimiento de todos que hace treinta o cuarenta años atrás, el número de alumnos matriculados en las clases de la Escuela Dominical de una iglesia casi siempre era mayor que el número de miembros de la misma. Hoy, esta realidad ha cambiado. ¿Qué habrá pasado? Todo apunta hacia un proceso, a lo largo de los años, de desaliento que no encontró antídoto suficientemente eficaz como para revertirla. Al parecer, algunas cosas fueron sucediendo que resultaron en el alejamiento de muchos y en la indiferencia de otros por la Escuela Dominical.

No identificaremos aquí las razones de tal indiferencia, pero uno de los principales fenómenos que ha contribuido a esta situación fue la perdida de uno de los principales objetivos de la Escuela Dominical, la evangelización.

En 1981, el doctor Harry Piland compiló un libro que fue publicado con el título *Growing and Winning through the Sunday School* [Creciendo y venciendo a través de la Escuela Dominical].[16] Se trata de un libro cuyos capítulos fueron escritos por principales líderes norteamericanos, especialistas en el ministerio de la Escuela Dominical, hombres como James Friost,

[16] PILAND, Harry (Compiler). *Growing and Winning through the Sunday School.* Nashville: Convention 1981, 251 p.

Eugene Skelton, Bernard Spooner, Harry Piland, John Sisemore y Lucien Colemann, Jr. El libro fue dirigido a la instrumentalización de la Escuela Dominical para la evangelización y el consiguiente crecimiento de la iglesia. Inclusive, en un capítulo maravilloso, el doctor Lucien E. Colemann, Jr escribió sobre "Teach the Bible to Win the Lost and Develop the Saved" (Enseñar la Biblia para ganar los perdidos y desarrollar los salvos),[17] en el cual deja claro que la misma Biblia, con su vigoroso y objetivo mensaje, evangeliza los perdidos y perfecciona los creyentes. En 1983, el doctor John T. Sisemore escribió *Church Growth through the Sunday School*[18] [Crecimiento de la iglesia a través de la Escuela Dominical]. En este libro, él demuestra como la iglesia puede aprovechar el potencial evangelizador de la Escuela Dominical. Es evidente que siendo fiel a su objetivo evangelizador, la Escuela Dominical proporcionará el crecimiento de la iglesia local de manera que la forzará a ampliar su visión, su espacio físico y su estrategia de ministración tanto a los creyentes como a los no creyentes.

Desde su inicio, con Robert Raikes (1736-1811) en Inglaterra, la Escuela Dominical fue dirigida a niños fuera del ambiente de la iglesia. Se trataba de niños que no estaban en escuelas, sino en la calles aprendiendo cosas malas y recibiendo allí su formación de vida, en la "escuela" de la inmoralidad y de la deshonestidad.

[17] PILAND, Harry (Compiler). op. cit. p. 175-197.

[18] SISEMORE, John T. *Church Growth the Sunday School.* Nashville: Broadman, 1983, 156p.

Raikes invistió en un proyecto destinado a sacar a los niños de las calles en el día en que permanecían allí por más tiempo: el domingo. Poco a poco, la Escuela Dominical de Raikes fue creciendo. Su programa se extendió de tal forma que, según algunos informes, ya para 1831, 20 años después de su muerte, en Gran Bretaña habían escuelas dominicales que involucraban semanalmente cerca de 1.250.000 niños en el estudio de la Palabra de Dios (¡aproximadamente 25% de la población!).[19]

Cathryn Smith, quien dio su vida en el Brasil por la causa de la Educación Cristiana, organizó el Programa de Educación Cristiana de la Convención Bautista Brasileña. Ahora, en su sexta edición, el programa ha sido revisado, actualizado y ampliado.[20] Al hablar sobre las tareas de la Escuela Dominical, el libro es contundente al afirmar que esta organización "es la agencia evangelizadora por excelencia en la iglesia".[21]

En el Congreso Bautista Brasileño, celebrado en 1991, en Rio de Janeiro, el tema de la Educación Cristiana fue expuesto por tres altavoces y ampliamente discutido en un grupo de profundización que presentó, al final, como parte de sus conclusiones:

[19] TOWNS, Elmer. *Towns Sunday Encydopedia.* Wheaton: Tyndale, 1993, p. 457-458.

[20] SMITH, Cathryn. *Programa de Educação Religiosa. 6a. ed, Revista e Atualizada*, Rio de Janeiro: Juerp, 1995, 112p.

[21] SMITH, Cathryn., op. cit, p. 53.

"Que se dé a la Escuela Dominical énfasis como agencia evangelizadora."[22] En 1993, fue realizado el primer Congreso Bautista Brasileño de Escuela Dominical en Rio de Janeiro, donde se llamó la atención a la importancia de la Escuela Dominical para promover el crecimiento integral de la iglesia.

Es increíble, pero hoy en día la mayor parte del material didáctico preparado para la Escuela Dominical tiene un lenguaje y filosofía editorial centrada en los miembros de la iglesia. En la propia realidad íntima de la iglesia, el énfasis en la Escuela Dominical es casi totalmente dirigido a los creyentes.

Mucho se ha discutido sobre cómo cambiar esta situación y reanudar a la Escuela Dominical el valor que debería ser dedicado a ella por la iglesia. Con el fin de contribuir a la mejora del marco actual, le ofrecemos algunas sugerencias para el rescate del valor de la Escuela Dominical en la vida de la iglesia local. Al hacerlo, estamos pensando no sólo en el maestro, sino también en los líderes en general de una iglesia que desea crecer a través de la Escuela Dominical.

CONQUISTE EL PASTOR

El punto de partida debe ser necesariamente el pastor de la iglesia. Es comprobado que si el pastor está por delante, todo es mucho más fácil. Él debe ser conquistado por los educadores de la iglesia. En algunos

[22] *Com os Olhos no Futuro* - Teses do Congresso Batista Brasileiro. Rio de Janeiro: Juerp/Consejo de Planeamiento y Coordinación de la CBB, 1991, p.203.

casos, el pastor no tiene ninguna formación bíblica o teológica; otros tienen una visión distorsionada, dirigida solamente para la evangelización. Incluso, hay otros que ni siquiera muestran interés por la Escuela Dominical. Así, el primer paso es mostrarle al pastor la importancia y el potencial de la Escuela Dominical.

Muchos pastores no ayudan en la Escuela Dominical simplemente porque no saben cómo hacerlo. En este caso, es importante que los educadores de la iglesia le instruyan con sabiduría, diciéndole cuáles son sus deberes como supervisor general del programa educacional de la iglesia.

A su vez, el pastor debe tener la humildad y la visión espiritual de cooperar con los líderes y educadores de su congregación, en su afán de dinamizar la Escuela Dominical. Si el pastor es sabio, tendrá un equipo bien motivado y dispuesto, y experimentará el crecimiento maravilloso y seguro que viene del trabajo de una Escuela Dominical dinámica.

CONSCIENTICE A LOS PADRES

El próximo paso es llegar al corazón de los padres. Es necesario mostrarles que a través de la Escuela Dominical la iglesia está ayudando en la educación cristiana de sus hijos. Los padres necesitan entender que deben invertir en la vida espiritual de sus hijos desde la infancia, porque si el niño aprende a gustar de la iglesia, de la clase, de los miembros de la iglesia, al crecer tenderá a integrarse más. Si el niño no se enseña desde su infancia a gustar de la iglesia, se alejará completamente en la primera oportunidad que tenga.

Los padres deben comprender que es a través de su ejemplo y de su estímulo que los hijos asimilarán la importancia de la iglesia en sus vidas. Aquí podemos destacar el culto doméstico, la disciplina y la responsabilidad para con el trabajo en la casa de Dios, la oración en familia y los diálogos entre padres e hijos acerca de Dios y del evangelio.[23]

Si los educadores de la iglesia consiguen alcanzar el corazón de los padres para ayudarlos a entender que precisan tomar en serio la Escuela Dominical, tanto para sí como para sus hijos, entonces un nuevo y bonito comienzo vendrá.

BUSQUE LA JUVENTUD

En muchas iglesias la juventud no se involucra, no participa, no se interesa. La iglesia, por su parte, no toma esto en cuenta, y actúa como si no pasara nada. La realidad es que hace mucho tiempo la presencia de los jóvenes en la Escuela Dominical ha disminuido.

Los educadores, apoyados por el pastor de la iglesia, deben abrir el diálogo con la juventud para descubrir que está pasando, y encontrar soluciones en conjunto. En muchos casos, la secularización de los jóvenes es la principal causa de su alejamiento, pero no llegue a esta conclusión sin antes conversar con

---

[23] AZEVEDO, Israel Belo de. *Descubra Agora Como Viver Bem em Família.* São Paulo: Exodus, 1997, 80 p.

los jóvenes. Puede haber falta de interés en función de quién está enseñando, o debido a los asuntos presentados, del tiempo, etc. Sentados a la mesa juntos, pastor, educadores y jóvenes, seguramente surgirán caminos que pueden cambiar la situación vigente.

Obligar a los jóvenes llegar temprano a la Escuela Dominical, cerrar las puertas para el diálogo, ignorar sus indagaciones, y adoptar una postura de críticas y quejas, de nada sirve para resolver el problema. Los jóvenes necesitan ser despertados y convencidos, a través del diálogo y del respeto mutuo, en cuanto al valor y la importancia de la Escuela Dominical para sus vidas.

MOTIVE LOS MAESTROS

Todo puede estar absolutamente correcto:, alumnos presentes, material didáctico apropiado, ambiente de enseñanza adecuado, etc. Pero si el maestro no está preparado y motivado, se perderá el potencial. Es exactamente lo que ha sucedido en muchas iglesias. La falta de preparación y la falta de motivación de parte de los maestros han minimizado los esfuerzos, incluso financiero, que se hayan empleado en favor de la Escuela Dominical.

El doctor Charles A. Tidwell, una de las personas más respetadas en el campo de la Educación Cristiana en los Estados Unidos, destacó en uno de sus libros[24] la importancia del maestro, incluso sobre los demás

[24] TIDWELL, Charles A. *Educational Ministry of a Church.* Nashville: Broadman, 1982,304p.

obreros, en la ejecución bien sucedida del programa de enseñanza-aprendizaje de la Escuela Dominical. En su libro, el doctor Tidwell enumera las cinco tareas principales de la Escuela Dominical: 1) movilizar a las personas para el estudio de la Biblia, 2) enseñar la Biblia, 3) testificar para las personas sobre Jesús y llevarlas a ser miembros de la iglesia, 4) ministrar para alumnos y no alumnos de la Escuela Dominical y 5) conducir los alumnos a un culto verdadero. Para el cumplimiento de estas tareas, el papel desempeñado por el maestro es fundamental.[25]

Es tarea del pastor y de los educadores de la iglesia despertar el interés, motivar y dejar conscientes a los maestros de la Escuela Dominical de su importancia y valor en el ministerio de enseñanza en la iglesia. Si esto no ocurre, el resultado podría ser el debilitamiento, y hasta la desaparición, de la Escuela Dominical. El doctor Tidwell informa que, en los Estados Unidos, denominaciones como la Metodista y la Presbiteriana Episcopal el número de matriculados en la Escuela Dominical disminuyó en un 25% entre 1970 y 1980.[26] Aunque él no especifique las razones de tal disminución, podemos entender fácilmente que la fuga de los objetivos fundamentales de la Escuela Dominical estaba incluida entre estas razones. El maestro es la persona que está en la posición de garantizar que las tareas de la Escuela Dominical sean cumplidas de forma efectiva.

---

[25] TIDWELL, Charles A. op. cit., p. 125-128.

[26] TIDWELL, Charles A. op. cit., p. 125.

Sin embargo, el tema emergente es como motivar a los maestros que, durante años y años, vienen apoyando un modelo retrógrado y decadente de la enseñanza en la Escuela Dominical, donde domina el famoso "mundo de fantasía". El maestro finge que enseña y el alumno que aprende. La iglesia finge que las cosas están bien, cuando, de hecho, nada está bien. Si un maestro está desde hace años involucrado en este "mundo de fantasía", necesitará de mucha paciencia y atención por parte de los líderes y del pastor para rescatar su potencial como educador. Se debe empezar mostrando al maestro una estadística de su clase en relación a la presencia, puntualidad, faltas, etc. En seguida debe ser informado sobre las estrategias de crecimiento (los capítulos iniciales de este libro pueden ayudar aquí). Llegará el tiempo de ayudar para que la clase recupere la confianza en el trabajo de su maestro. Todo será posible si es realizado con oración y dependencia de nuestro Dios. El esfuerzo debe ser en el sentido de conquistar el maestro sin hablar mal de su trabajo.

Podríamos comparar al maestro con el cedro, un arbol fuerte con el eucalipto, frágil y que desaparece rápido. El eucalipto jamás se convertirá en cedro a no ser que haya dentro de él un cedro adormecido.

Lo mismo se puede decir del maestro acomodado a un sistema retrógrado: si hay en él un educador adormecido, podrá transformarse en un maestro dinámico y creativo. La tarea del pastor y de los líderes de la iglesia es exactamente la de despertar el educador adormecido en el interior de algunos maestros de la Escuela Dominical.

PROMUEVA LA ESCUELA DOMINICAL

"Hay tremendos beneficios en participar de la Escuela Dominical. El problema es que la iglesia no ha promovido con eficacia sus beneficios y valores."[27] Con esta declaración, Jerry Wilkins fundamenta la argumentación de su actual y emocionante libro *Marketing your Sunday School – Strategies for the 21 st. Century* [Promoviendo su Escuela Dominical – Estrategias para el Siglo 21].

No se puede ignorar la necesidad de promover, lo que la Escuela Dominical ofrece, ni lo que representa en términos de beneficios para aquellos que participan de ella. Esto sería como no prestar atención a la principal herramienta de crecimiento empresarial e institucional de nuestro tiempo: el marketing. Todo depende de cómo usted lo anuncia, y que tipo de imagen se genera en torno al producto o servicio.

En la mayoría de las Escuelas Dominicales no existe ninguna estrategia de marketing definida. En realidad, casi ninguna publicidad se hace. ¡Esto es simplemente absurdo! Las personas necesitan descubrir lo que es, como funciona y su relevancia con relación a la Escuela Dominical. En un mundo de alta competitividad, donde cada uno intenta llevar a las

---

[27] WILKINS, Jerry. *Marketing your Sunday School - Strategies for the 21 st. Century*. Nashville: Broadman, 1992, p. 13.

personas en dirección de sus propuestas, el no tener ninguna estrategia de marketing es aceptar el fracaso gradual.

¿Los vecinos de su iglesia saben qué es la Escuela Dominical, qué hay una en su iglesia, cómo funciona, qué beneficios ofrece a los participantes, lo que involucra participar, y quién puede hacerlo? Un correo directo, simple y creativo informando qué es y cómo funciona la Escuela Dominical puede atraer a personas interesadas en el estudio de la Biblia.

La promoción también tiene que llegar a los miembros de la iglesia. ¿Qué es lo que se pierde por no asistir a la Escuela Dominical, y qué beneficios reciben los que llegan a ser parte de ella? Al implementar una estrategia de promoción de la Escuela Dominical, la iglesia empieza a demostrar que ella misma cree en aquello que está ofreciendo. Si alguien promueve lo que hace, cree en su eficacia.

TIEMPO DE CRECER

Las sugerencias mencionadas pueden ser de gran ayuda en el crecimiento de su Escuela Dominical. Después de verla funcionando a toda velocidad, la iglesia sentirá lo importante que es invertir en la estructura de la Escuela Dominical y emplearla para su crecimiento. Habrá un cambio en la manera de ver la Escuela Dominical, y como resultado crecerá el interés de todos por el estudio de la Palabra de Dios.

6

¿QUÉ MÁS PUEDO HACER CON MI CLASE?

COMO EXPLORAR LAS POTENCIALIDADES DE UNA CLASE DE LA ESCUELA DOMINICAL

Las cosas que se escribieron antes, para nuestra enseñanza se escribieron, a fin de que, por la paciencia y la consolación de las Escrituras, tengamos esperanza (Ro 15:4).

Siempre nos intrigó el hecho de ver los alumnos de una clase de la Escuela Dominical encontrándose semanalmente para estudiar la Biblia, despidiéndose al final de la clase para volver a encontrarse en la semana siguiente. Imaginábamos que el potencial de una clase era, por lo general, infrautilizado. ¿Por qué no utilizar la estructura de la clase para otros propósitos? No necesariamente tiene que ser un estudio de la Biblia, pero si alguna actividad vinculada a las necesidades de los integrantes de la clase y a los propósitos de la iglesia.

Hemos trabajado a lo largo de los años con esta idea, compartiéndola en congresos, seminarios y clases. A través de la estructura de la Escuela Dominical, en los casos de iglesias pequeñas (con menos de 100 miembros), todo el programa educacional puede ser usado para el servicio. Este pensamiento se ha presentado en forma de esbozo, y bien claro, aunque superficial y embrionario, en el libro ya mencionado Programa de Educación Cristiana.[28]

Creemos en la validez de esta orientación, incluso en el caso de iglesias consideradas medias y hasta grandes. Sin embargo, con una argumentación diferente, no preocupado tanto con la capacidad de la iglesia en incluir otras organizaciones, más bien con la exploración debida de una estructura rica en oportunidades de servicio y crecimiento que es la Escuela Dominical.

La iglesia que consigue aprovechar el potencial de sus salas de clase, de hecho hará uso de uno de los más tremendos instrumentos disponibles en la iglesia para propiciar su crecimiento de forma madura, continua y garantizada.

Cuando analizamos una clase de Escuela Dominical, encontramos en ella algunas características que llenan nuestro corazón de entusiasmo porque la iglesia puede usar la estructura de la Escuela Dominical para crecer. Echemos un vistazo a algunas de estas características:

---

[28] SMITH, Cathryn. *Programa de Educação Religiosa. 6ª. ed.* Rio de Janeiro: Juerp, 1995 p. 34.

Características evangelizadoras

Grupos pequeños

La clase es un grupo pequeño de personas. Sabemos que en grupos pequeños la posibilidad de reflexión y de devoción es mucho mayor que en grupos grandes. La participación es mucho más fácil cuando los grupos pequeños se reúnen en salas que cuando hacemos reuniones de grupos grandes en auditorio amplios. También la integración y el entendimiento entre las personas son más productivos en grupos pequeños.

Grupos de edad

Una clase de Escuela Dominical normalmente es compuesta por personas de edad compatible. En muchos casos hay homogeneidad en relación al sexo. Es obvio que en un grupo donde los miembros comparten de la realidad existencial similar y comparten del mismo círculo de intereses será más productivo, independientemente del tipo o de la naturaleza de las actividades del mismo.

Liderazgo fijo

En la mayoría de las Escuelas Dominicales los maestros son estables, al menos durante un año. En algunos casos tenemos maestros que son elegidos por períodos más largos: dos, tres, o hasta cinco años. Algo seguro es que una clase debe permanecer un año sin alternancia en el liderazgo. Esto es un factor tremendamente positivo, ya que está demostrado que alternancias de liderazgo en pequeños espacios de tiempo tienden a perjudicar o poner en peligro el desarrollo de las actividades en el grupo.

Afinidades espirituales

Los alumnos de una clase son unidos por el interés en la Biblia y en el crecimiento espiritual. Están juntos con el propósito de conocer y practicar las enseñanzas de la Palabra de Dios. Una clase unida puede observar con más propiedad y mejores resultados las muchas enseñanzas en la Biblia que le son trasmitidas por el maestro. Además, una buena parte de los alumnos son miembros de la misma iglesia, lo que los coloca, con algunas excepciones (en el caso de las iglesias mayores), geográficamente unos cerca de los otros.

Reuniones regulares

Una clase se reúne para estudiar la Biblia semanalmente con regularidad. Este hecho refuerza en gran medida la integración y la continuidad de las actividades desarrolladas. Probablemente, la mayoría de los alumnos de una clase no pertenece a cualquier otro foro que promueva encuentros con esta regularidad.

Teniendo en cuenta estas y otras características, una clase de la Escuela Dominical estará lista para ser un instrumento vigoroso de bendición , con el objetivo del crecimiento de la iglesia. Así, vamos a enumerar algunos frentes de trabajo que se pueden llevar a cabo a través de esta estructura de aulas existente en muchas de las iglesias evangélicas.

EXPERIMENTANDO LA EVANGELIZACIÓN

Mirar a una clase de Escuela Dominical desde la perspectiva de la evangelización es una experiencia fantástica. El potencial de la clase para ganar almas es tremendo. Una clase puede estructurar un trabajo para alcanzar personas de su edad y predicarles la Palabra de Dios. Esto puede ser realizado de varias maneras:

APLICACIÓN EVANGELÍSTICA DE LAS LECCIONES

La evangelización a través de la Escuela Dominical empieza con la propia actividad docente. El maestro, al percibir en la clase la presencia de personas no creyentes, puede aplicar el texto estudiado a sus corazones, de forma evangelística. Si el texto parecerá árido para tal propósito, el maestro deberá buscar ayuda con su pastor para que pueda aplicarlo de forma evangelizadora. La tesis que sustentamos es que el mensaje de la Biblia tiene la vida, muerte y resurrección de Jesús como centro. Así, todo el texto sagrado está, de alguna forma hermenéutica, relacionado con este centro. La cuestión es descubrir cuál es la relación correcta entre el texto bíblico en estudio y la vida y misión de Jesús.

Una buena práctica es que el pastor escriba estas aplicaciones anticipadamente y que las entregue a los maestros. Esto será de gran ayuda en la tarea de evangelizar a través del estudio de la Biblia. Al aplicar el texto bíblico al corazón del no creyente, el maestro debe hablar del poder salvador de Cristo con compasión, incluyendo la realización del llamado, invitando con sinceridad y amor para que las personas acepten Jesús como su salvador personal.

Si alguno llegara a aceptar a Cristo como Salvador, el maestro deberá anotar en una tarjeta el nombre y la dirección de la persona que tomó la decisión. Además debería orientarla a confirmar su decisión en el culto público. En seguida, debe entregar la tarjeta al pastor para presentar a la persona decidida para que confirme públicamente su decisión.

CULTOS EVANGELÍSTICOS EN LOS HOGARES

La clase podrá realizar cultos evangelísticos en hogares de personas no creyentes. Se puede aprovechar la presencia de un visitante y ofrecer la realización de un culto en su casa. Entre los alumnos de la clase, se puede escalar: dirigente, predicador, la participación musical, etc., para cada culto. El maestro puede actuar como un coordinador, con la asistencia de un líder de evangelismo, que programará los cultos a ser realizados. Si cada clase de la Escuela Dominical realizara un culto evangelístico por semana y la iglesia cuenta con cinco clases, serán realizados 20 cultos evangelísticos por mes fuera del templo, en hogares de personas aún no creyentes. ¿Ya imaginó el resultado de 240 cultos realizados en un año? ¡Lo que Dios puede hacer a través de este esfuerzo es simplemente inimaginable!

La gran ventaja es que las personas ganadas para Cristo en estos cultos ya tienen, a través de la clase que hace el trabajo, su núcleo de integración en la vida de la iglesia.

VISITAS EVANGELÍSTICAS ESPECIALES

Además de los cultos, la evangelización puede acontecer a través de visitas especiales. Los alumnos de clase son orientados para descubrir oportunidades para realizar visitas evangelísticas. Por ejemplo, una clase de hombres puede visitar el alcalde, los concejales, jueces y autoridades de manera general, llevando siempre un ejemplar de la Biblia o del Nuevo Testamento para dar de regalo a la autoridad visitada. Se puede descubrir familias que pasan por momentos difíciles; por ejemplo, desempleo, muerte, o problemas con los hijos. Momentos de sufrimiento son estratégicamente apropiados para una visita evangelística, donde el evangelio debe ser presentado de forma clara y directa.

La clase puede ser subdividida en grupos de visitación, compuestos de dos o tres personas. Éstos llevarán a cabo las visitas cuando las oportunidades se presenten. El líder de evangelismo de la clase podrá ayudar a los demás alumnos en este trabajo. Para realizar el trabajo de visitación evangelística, algunas medidas deben tomarse: 1) las visitas deben ser programadas con antecedencia; 2) la persona o la familia para ser visitada debe ser informada sobre el número exacto de personas que recibirá; 3) no debe haber ningún retraso en cuanto a la hora fijada para la visita; 4) jamás una visita debe ser desmarcada o transferida; 5) nunca el visitante se puede perder la visita programada; 6) la visita debe ser objetiva, pero sin dar la impresión de prisa; y 7) los visitadores deben vestirse con sobriedad.

Durante la visita, los creyentes deberán aprovechar la oportunidad para presentar a los visitados el plan de salvación. Al presentarlo debe tener paciencia, leyendo los versículos con las personas y explicándoles el significado de cada texto leído. Al final de este libro hemos incluido, en el apéndice, un modelo de plan de salvación que debe ser estudiado y puede ser utilizado por los visitadores.

Después de la visita debe haber un contacto telefónico, o podrá ser enviada una tarjeta por el correo. Los visitadores podrán agradecer el privilegio de haber realizado la visita y renovarán la invitación para que los visitados asistan a la clase y a los cultos.

Correspondencias evangelísticas

En nuestras iglesias siempre hay personas que les gusta escribir cartas. Las personas que les gusta este tipo de trabajo deben ser identificadas por cada clase, para la implementación de la evangelización por correspondencia. La tarea es muy simple. El líder del equipo de evangelización por correspondencia de la clase deberá anotar el nombre completo y la dirección de los visitantes. Nombres de personas que ya se han decidido no deben ser anotados para estas cartas, sino apenas los visitantes que no se han decidido. Uno de los alumnos de la clase será designado para escribir la carta evangelística. El líder debe mantener un registro de los destinatarios.

La carta evangelística debe ser enviada en el día siguiente al que la persona estuvo presente en la clase o en la iglesia. De esta manera, el visitante se sentirá valorado por la iglesia.

A pocas personas les gusta leer cartas largas. Por eso, esta carta debe empezar expresando la alegría por la visita a la iglesia y de forma amorosa y simple, presentar el plan de salvación. Después, debe ofrecer una visita para profundizarse en el tema, como también informar sobre la naturaleza, objetivos, horario de funcionamiento de la Escuela Dominical y de los cultos de la iglesia.

Si el visitante, al recibir la carta, expresa el deseo de recibir la visita de la clase, el remitente deberá informar los nombres de las personas que van a entrar en contacto con él. Entonces pasará el registro del interesado en ser visitado a uno de los equipos de visitación.

¿Alguna vez ha pensado en los resultados del trabajo de las clases que están evangelizando a través de cultos en los hogares, visitas y correspondencias? De hecho, Dios usará de forma maravillosa este trabajo, siempre que sea realizado con oración y organización.

AMPLIACIÓN DE MISIONES

Históricamente, la Escuela Dominical ha sido una fuerza motriz del recogimiento de ofrendas misioneras. En varias denominaciones son establecidas metas para las clases y ellas hacen todo el esfuerzo para alcanzarlas. Sin embargo, el potencial de una clase va mucho más allá. Aquí están algunas ideas:

Adopción de misioneros

La clase puede decidir sustentar financieramente y con oraciones por lo menos un misionero (de misiones urbanas, departamentales, nacionales o mundiales) dependiendo de las condiciones y desprendimiento de los alumnos. Por lo tanto, el maestro y el líder de misiones de la clase deben informar al pastor el deseo de la clase y pedir orientación sobre la mejor manera de efectuar la adopción.

De este modo la clase estará haciendo y pensando en misiones durante todo el año, y no sólo de vez en cuando. No hay dudas que la clase será bendecida y también el trabajo misionero. Así, se está acelerando el cumplimiento de la gran comisión (Mt 28:18-20).

Viajes misioneros

La clase puede emprender cada año un viaje a un campo misionero. En este viaje la clase buscará tener una experiencia misionera, sintiendo así la realidad del trabajo de misiones. Podrá trabajar por algunos días junto a un misionero, aumentando su propia visión en relación a la obra de misiones.

Todo debe ser hecho con planeamiento, oración y dedicación. Una cosa es cierta: al emprender viajes misioneros, los alumnos de la clase crecerán tremendamente en su visión del Reino de Dios.

EN LA ASISTENCIA SOCIAL

Alcanzar el potencial de una clase de Escuela Dominical por medio de la asistencia social es parte del requisito de la iglesia de cumplir una misión integral, sabiendo que: "La misión es más que un concepto. Es la fidelidad al mandamiento bíblico de Jesucristo a su iglesia en situaciones concretas. Frente a un mandamiento bíblico, uno sólo puede responder con la obediencia o con la desobediencia."[29] La iglesia tiene que actuar, y no solamente orar, en el afán de contribuir para que los pobres y desfavorecidos tengan su sufrimiento al menos amortiguado.

Estamos hablando de la visión de la obra social, y en este sentido es muy importante entender, como cristianos, que: "Es necesario combatir el egoísmo reinante en las personas y cultivar el espíritu comunitario, dándoles la consciencia que formamos una comunidad. Evitar defender sólo lo que es nuestro y tener consciencia de aquello que es de

[29] GRELLERT, Manfred. *Os Compromissos da Missão.* Rio de Janeiro: Juerp/Visão Mundial, 1987, p. 21.

todos."[30] De esta forma cooperamos, por lo menos en nuestro barrio, para que la relevancia de la iglesia ante la sociedad se destaque, incluyendo el aspecto social.

Para que su potencial sea canalizado a la asistencia social, los alumnos de una clase de Escuela Dominical deberán comprender, finalmente, que:

La misión integral se manifiesta en el mundo con el evangelismo, al proclamar el evangelio para se produzca una respuesta de fe, arrepentimiento y discipulado. Por otra parte, en América Latina, la iglesia experimenta la presencia de los pobres, a cuyas necesidades busca ministrar en el Espíritu de Jesucristo.[31]

La clase puede tener un equipo de asistencia social que tendrá la misión de planear y liderar proyectos en el área social, de los cuales toda la clase participará. Las alternativas son muchas en esta área. Desde visitas a hogares de ancianos, guarderías, penitenciarias, albergues, u hogares de rehabilitación, hasta proyectos más audaces como ayudar una comunidad necesitada en la reconstrucción de viviendas, en la solución de problemas junto a los órganos públicos, en la movilización del potencial comunitario de barrios marginales para resolver problemas tales como la seguridad, el saneamiento, la salud, o la alimentación.

---

[30] CERQUEIRA, José Milton de. in *Missão da igreja e Responsabilidade Social.* Rio de Janeiro: Juerp/Conselho de Planejamento e Coordenação da CBB, 1988, p. 64.

[31] GRELLERT, Manfred., op. cit, p. 22.

Una clase puede actuar en el área social, pero necesita voluntad para dejar las cuatro paredes y "admirar la realidad, aprender, y comprender las interrelaciones verdaderas de los hechos percibidos"[32] El desafío de los creyentes es aceptar su responsabilidad para resolver problemas y aliviar el sufrimiento.

CRECIENDO EN LA COMUNIÓN Y EN LA ORACIÓN

Con respecto a la oración y a la comunión, una clase de Escuela Dominical es riquísima en oportunidades. La clase puede reunirse periódicamente para orar unos por los otros, compartir tanto victorias en la vida cristiana como dolores y problemas con el propósito de que todos participen de las alegrías y de las tristezas de otros. La comunión entre los hermanos tiende a crecer cuando algo íntimo es compartido. Amamos más a quien conocemos más. Es maravilloso orar por alguien conociendo sus necesidades y triunfos.

Muchas veces oramos por personas que no conocemos. No sabemos a dónde viven, como viven, cuáles son sus dificultades. Esta oración es muy genérica, porque carecemos de un conocimiento mayor. Algunas formas de intensificar la comunión y propiciar el compartir son:

---

[32] KIVITZ, Sílvia Regina Jorge, en *Missão da Igreja e Responsabilidade Social.* Rio de Janeiro: Juerp/Conselho de Planejamento e Coordenação da CBB, 1988, p.47.

ENCUENTROS DE ORACIÓN

Los alumnos de una clase pueden reunirse periódicamente, en el templo o en las casas, para orar y compartir. El liderazgo de este trabajo debe ser del maestro, que podrá hacer un calendario de las reuniones y locales. Es importante que esta actividad sea realizada con la aprobación y el apoyo del pastor de la iglesia, que debe ser invitado a participar de la misma.

Importante para este trabajo es que el maestro tenga el control para que la reunión no aleje de sus objetivos de la oración y el compartir. A veces las reuniones pueden ir desde la charla hasta chismes y murmuraciones. En esto el liderazgo del maestro es indispensable.

COMPAÑEROS DE ORACIÓN

La clase puede ser organizada en compañeros de oración. De dos en dos las personas encuentran a un compañero, alguien más próximo, con quien siempre estará en contacto en una convivencia de refuerzo mutuo y apoyo constante. En una pared de la clase se pueden colocar los pares de oración, En la medida que un nuevo alumno llegue, deberá ser incluido. El maestro debe quedarse sin par, exactamente para ser compañero de aquel que irá a llegar. Cuando llega otro, entonces se forma una nueva dupla y el maestro se queda nuevamente libre, esperando por el próximo.

Puede haber cada domingo unos cinco minutos antes de empezar la clase para un encuentro de las duplas de oración. Además, las duplas estarán en contacto durante la semana por teléfono, visitando uno al otro, etc. Es genial cuando tenemos alguien con quien compartir, día a día, nuestra vida. *Mejores son dos que uno* (Ec 4:9a).

Actividades de sociabilidad

Al final de cada trimestre, la clase se debe reunir, tanto para celebrar el final del período, como para celebrar los cumpleaños de aquellos que cumplieron un año más durante el trimestre. La fiesta debe ser alegre y relajada. Es bueno que haya juegos, torta de cumpleaños, y así, un espíritu de hermandad y diversión. Una vez más, es importante invitar el pastor, el director de la Escuela Dominical, y otros líderes de la congregación. Siempre es importante destacar la bendición de la Escuela Dominical en la realización de todos.

MOVILIZANDO PARA EL SERVICIO

Las iglesias pueden movilizar las clases en el sentido de cooperar con la iglesia en la realización de todo el servicio cristiano. Las clases pueden participar en el servicio de consejería de nuevos convertidos, en la recepción de la iglesia, en el trabajo de comedor, en el apoyo a las congregaciones y puntos de predicación, en el evangelismo externo, en la seguridad, etc. De esta forma, nadie se sobrecarga y todos tienen la oportunidad de servir y participar del servicio del Reino.

Es bastante funcional organizar los ministerios de la iglesia haciendo uso de la estructura de la Escuela Dominical. Se trata de la canalización de un potencial cierto y seguro para la ejecución del trabajo de la iglesia. Además de las actividades ya mencionadas, otras pueden ser añadidas, como la limpieza de las dependencias en tiempos de necesidad, la asistencia a personas en luto, turnos de oración, etc.

Quienes estudian la Biblia juntos cada semana, podrán trabajar unidos y con eficacia para el desarrollo del Reino de Dios. Servir es obediencia a Cristo; es la prueba del aprendizaje; es la demostración de que la Palabra de Dios no vuelve vacía, una vez centrada en el corazón de creyentes sinceros.

LO QUE NO PUEDO HACER CON MI CLASE...

Como ya observamos, el potencial de una clase de Escuela Dominical es extremadamente fantástico. No aprovecharlo es como no ver alternativas y posibilidades que seguramente se traducirán en un crecimiento abundante para la iglesia.

Para que esta dinámica sea implementada en las clases, será necesario un planeamiento que le adaptará la estructura actual. Como ya fue visto, además del trabajo de enseñanza de las Escrituras, es necesario en una clase que exista un liderazgo que realmente lidere y coordine cada actividad que será desarrollada.

De hecho, la iglesia pasará a funcionar básicamente a través de la Escuela Dominical. Todas las líneas de acción, en la práctica, se pueden hacer posibles a través de las clases. Lo que no es tan viable, como la adoración, el culto y la administración eclesiástica, carecerá de estructura paralela.

Tenga en cuenta que unida a esta dinámica de clases, debe haber una propuesta de formación que tendrá como objetivo preparar y mantener a la gente motivada que trabajan directamente en cada frente de acción de las clases. La formación que se aportará debe ser objetiva y dirigida a los que ya están trabajando en los respectivos sectores.

Mucho puede parecer imposible, pero si nos desnudamos de preconceptos (conceptos concebidos y cristalizados) abriendo la mente para alternativas, rompiendo con paradigmas viejos y construyendo nuevos, más relevantes y contextualizados, experimentaremos innumerables bendiciones. Ed René Kivitz observó que la iglesia, por regla general, tiene su misión limitada, y diríamos hasta presa, por los paradigmas del culto, del clero, del domingo y del templo.[33] Incluso parece que la iglesia no conseguirá hacer nada que pueda escapar de estas limitaciones. Por esta razón, el empresario Ricardo Semler, licenciado en Derecho por la Universidade de São Paulo y en Administración por Harvard University, señaló como la primera dentro de las tres condiciones

[33] KIVITZ, Ed René. *Quebrando Paradigmas.* São Paulo: Abba, 1995, p. 37-56.

sine qua non para la supervivencia de empresas a largo plazo, la "capacidad de ver la necesidad de cambios en tiempo, con el coraje de ponerlos en práctica antes de que sea demasiado tarde".[34]

En este sentido, vale la pena leer un excelente texto de Darci Dusilek, en el que hace uso del concepto de la curva "sigmoideo", ampliamente utilizado en análisis de mercado, para explicar la cuestión del ciclo de vida de la propia iglesia que, si no se realimenta en el tiempo cierto, puede caducar, evitando cualquier acto de reversión.[35] Washington R. Ferreira concluye: "... teología está haciendo lecturas en busca de declaraciones más actuales, lejos del dogmatismo de la defensa de poseer la verdad última, alcanzando el ideal de descubrir nuevos paradigma.[36]

Por lo tanto, se trata de una cuestión de fe y de visión, aún de una cuestión de coraje. La verdad es que no todo dependerá de usted, pero a partir de usted, mucho puede cambiar y mejorar en su Escuela Dominical y en su iglesia. No se desanime de que por sí solo no conseguirá solucionar todas las cosas. El ser humano necesita aprender a verse a sí mismo, no como la solución completa para todo, sino como

---

[34] SEMLER, Ricardo. *Virando a Própria Mesa. 21a. ed.* São Paulo: Best Seller, 1988, p.69.

[35] DUSILEK, Darci. *A Igreja em Peregrinação.* Rio de Janeiro: Horizonal, 1996, p. 35-40.

[36] FERREIRA, Washington R. *O Fim das Ilusões - O Lugar da Religião na Atualidade.* Edição do Autor, Rio de Janeiro: 1996, p. 99.

un punto de partida para que las soluciones sean factibles.

7

SE ACABÓ LA CLASE, ¿Y AHORA?

LAS OPORTUNIDADES DEL MAESTRO FUERA DE LA SALA DE CLASE

Y enseñándoles que guarden todas las cosas que os he mandado. Y yo estoy con vosotros todos los días, hasta el fin del mundo (Mt 28:20).

El tiempo de convivencia entre el maestro y los alumnos de la Escuela Dominical no se limita al de la lección en clase, sino que también incluye tiempo fuera de la sala de clases. La visión de limitar el relacionamiento apenas dentro de las clase parece una especie de importación del modelo frío y profesional de las sociedad contemporánea, donde el médico dedica solamente 30 minutos al paciente, el psicólogo encierra la sección en la hora correcta, y el maestro está con su material en las manos cuando la campana toca anunciando el fin de la clase. En la mayoría de los casos, las personas nada tienen que ver unas con las otras fuera del ambiente profesional.

La Escuela Dominical tiene que ser diferente. El maestro asume la responsabilidad de la supervisión del crecimiento de sus alumnos, o al menos mantenerse al día. Es exactamente fuera de la sala de clases donde los alumnos demostrarán lo que han aprendido de las lecciones de la Palabra durante la clase.

El maestro asume su papel dividiendo su actuación en dos etapas: dentro de la clase, cuando su mayor preocupación es la de administrar el proceso de enseñanza/aprendizaje; y fuera de la clase, cuando su tarea predominante es la de observar las actitudes, comportamientos y posturas asumidas por sus alumnos.

No sólo los alumnos demuestran el aprendizaje fuera de la clase. El maestro también demuestra para los alumnos cuanto cree y practica aquello que ha enseñado. Es una evaluación dupla: coherente, por parte del maestro; de asimilación en la vida, por parte de los alumnos. Es bueno que veamos algunas orientaciones acerca de estas enormes oportunidades de un maestro fuera de la sala de clases.

LA DIMENSIÓN DEL COMPORTAMIENTO

El maestro es observado

Es un hecho que los alumnos observan su maestro fuera de los salones de clases, con la intención de constatar, o no, la armonía entre su enseñanza y su práctica. El maestro tiene una preciosa oportunidad de reforzar y ratificar su enseñanza con su ejemplo. Al ver como el maestro se comporta, los alumnos recibirán una lección más, ahora de vida, sobre como practicar la Palabra de Dios. Algunos de los aspectos más observados, por los alumnos en la vida del maestro de la Escuela Dominical son:

El maestro y el culto

El maestro debe estar presente en los cultos promovidos por la iglesia. Aquella historia del maestro que llega a la clase, enseña su lección y después se va para la casa sin participar del culto, o aquel que raramente está en los cultos del domingo o entre semana, es un desafortunado mal servicio a la obra de Dios. Se privan de involucrarse más tiempo con la iglesia y privan sus alumnos de un ejemplo vivo; incluso, podrán dar a entender que el culto no es importante.

Otro aspecto es la actitud del maestro durante el culto. ¿Participa del culto, o lo pasa distraído, charlando, leyendo o escribiendo durante el mensaje? ¿Canta los himnos, entrega sus diezmos al Señor? ¿Acompaña el mensaje con la Biblia abierta, siguiendo cada paso del sermón? Pueden parecer cosas de poca importancia, pero son aspectos que ofrecen un refuerzo importantísimo, por el ejemplo, a la enseñanza de la Biblia en sala de clase.

El maestro y su carácter

Los alumnos observan si el maestro cumple su palabra, si es honesto en sus actitudes y justo en sus acciones. Cuando los alumnos notan que el maestro no cumple lo que dice, y no honra a lo que se compromete, empezarán a dudar en sus palabras y lo desvalorizarán como maestro. Cuando esto pasa, es difícil recuperar la imagen grabada en el corazón de las personas con respecto a nuestro carácter.

Son actitudes aparentemente pequeñas que las personas observan en los actos de un maestro: si él respeta la fila en la hora de la comida, si devuelve lo que pide prestado, como responde para aquellos que erran contra él, etc. En las pequeñas cosas el maestro revela su carácter y su personalidad. Vale recordar que no se trata de cobrar perfección del maestro, sino de exigir que él tenga cuidado de no destruir fuera de la clase lo que ha construido dentro de ella.

El maestro y sus relacionamientos

¿Cómo el maestro trata a su cónyuge, sus hijos a los amigos? ¿Cómo se refiere al pastor, cómo se dirige al liderazgo de la iglesia, a los demás hermanos en Cristo y a sus propios alumnos? Los alumnos observan cómo se relaciona su maestro y aprenden mucho con ello. Al ver a un maestro ser gentil y amable con su cónyuge y con sus hijos, los alumnos nutren una idea buena y positiva sobre el relacionamiento familiar. La enseñanza de la Biblia sobre este tema hará mucho más sentido para ellos. Ocurriendo lo contrario, el resultado es desastroso.

Vivimos en la era de lo emocional. El cociente emocional es más valorado que el de la inteligencia. En un reportaje publicado en la revista Veja[37], Arlete Salvador y

[37] [NE] Importante revista brasileña de circulación nacional y semanal.

Laura Capriglione comentan sobre algunas informaciones que nos muestran cuanto nuestra inteligencia emocional puede discrepar de lo intelectual o racional, basadas en el libro Inteligencia Emocional del psicólogo y periodista Daniel Goleman, uno de los más vendidos en la época. Por ejemplo, informan que Albert Einstein trataba a su esposa, Mileva Maric, una matemática serbia, poco más que una esclava. Karl Marx fue un gastador pesado que vivía pidiendo dinero prestado de sus amigos, y que Charles Darwin tenía síndrome de pánico.[38]

Tales informaciones muestran que algunos de los grandes genios que cambiaron el rumbo de la historia y de la vida humana con sus ideas, teorías e inventos, eran terribles en sus relacionamientos con los demás y con ellos mismos.

La manera como un maestro se relaciona con otros enseña mucho a sus alumnos acerca de cuanto tiene en cuenta las enseñanzas de Cristo en su vida.

LA DIMENSIÓN DEL CONOCIMIENTO

El maestro observa

En esta sección vemos como el maestro observa a sus alumnos. Es una especie de evaluación informal en la que cada observación concede al maestro una oportunidad para evaluar si lo que enseña, en términos de la vida y de discipulado, está siendo asimilado y practicado por los alumnos.

[38] SALVADOR, Arlet e CAPRIGLIONE, Laura. *Quando a emoção é inteligência.* Revista VEJA, 15.1.1997, p. 66.

El maestro observa si los alumnos están participando de las actividades de la iglesia, si demuestran maduración cristiana y compromiso con la obra de Dios. Procura conversar con los padres para ver cómo están las cosas en la convivencia familiar, en el colegio, etc. El resultado de estas observaciones será un conocimiento aún mayor que dará a las clases más relevancia para la vida de los alumnos.

En el relacionamiento de los alumnos con sus compañeros, con el liderazgo de la iglesia y con el propio maestro, será revelada su madurez emocional. El maestro deberá tener en cuenta está madurez emocional para realizar su trabajo de forma eficaz. Conociendo mejor el nivel emocional de la vida de sus alumnos, el maestro se encargará de aplicar la Palabra de Dios a fin de proporcionarles madurez espiritual y emocional.

Sin observación, es imposible cualquier evaluación que sea relevante. Con la enseñanza de la Biblia, la evaluación no puede ser centrada en la retención de informaciones, sino que debe centrarse en la capacidad de los alumnos para experimentar los principios del Evangelio de Jesucristo.

LA DIMENSIÓN DE LA FRATERNIDAD

En el relacionamiento informal y espontáneo entre el maestro y el alumno, debe haber mucho diálogo. Se puede aprovechar las oportunidades ofrecidas por el propio convivio eclesiástico. El maestro puede crear otras oportunidades que ofrezcan un ambiente fraterno.

El maestro y los alumnos deben ser amigos. Debe haber un clima de confianza y cordialidad entre ellos. No puede haber barreras, porque ellas serían un impedimento para una buena comunicación. Muchas veces los alumnos compartirán secretos y cosas íntimas con su maestro. Esto exigirá de él la capacidad de oír, orar, ayudar y, al mismo tiempo, preservar la confianza de los alumnos. El maestro puede hacer mucho para ayudar a sus alumnos en cuestiones personales, pero si no hay un clima de absoluta confiabilidad, estás cuestiones ni siquiera serán mencionadas. En el contexto de la fraternidad, el maestro busca conocer las necesidades de sus alumnos y se empeña en ayudarlos y satisfacerlos.

El relacionamiento entre el maestro y sus alumnos ocurre no sólo en la clase, sino también, y de manera intensa, fuera de ella. Observando sus alumnos durante los cultos, en las actividades de la iglesia y, si es posible, en el día a día, el maestro tendrá informaciones muy importantes para cumplir su ministerio de enseñanza en la Escuela Dominical.

8

¿QUIÉNES SON MIS ALUMNOS?

COMO CONOCER MEJOR LOS ALUMNOS DE UNA CLASE

Y todos serán enseñados por Dios. Así que, todo aquel que oye al Padre y aprende de él, viene a mí (Jn 6:45).

Para cumplir su función de enseñar la Palabra de Dios para alguien que no conoce, el maestro, como educador, deberá bucear primero en el mundo del alumno, que en la medida de lo posible, también debe ser el suyo.

Paulo Freire acuñó la expresión "educación bancaria", aquella práctica que ve el maestro ejecutando su función en dos momentos: El primero, en la biblioteca, en contacto con los libros, preparándose para la enseñanza; el segundo, en la sala de clases, depositando en el alumno aquello que asimiló como resultado del primer momento.[39]

[39] FREIRE, Paulo. *Pedagogia do oprimido. 17 ed.* Rio de Janeiro: Paz e Terra, 1987, p. 66.

Este punto de vista del alumno como un mero depositario de los conocimientos del maestro es demasiado dañino dentro del noble propósito de la educación cristiana. El alumno no es apenas un recipiente de información de parte del maestro, como lo presenta esta ultrajante filosofía educacional, en la cual "el educador es el sujeto del proceso, y los educandos meros objetos".[40] En contraste, el alumno deberá construir su propio conocimiento a partir de la ayuda y de la acción del maestro-educador.

La clase de Escuela Dominical no tiene como objetivo la simple transferencia de conocimientos, sino de vida. Al mismo tiempo en que el maestro enseña, también aprende; al mismo tiempo en que los alumnos aprenden, también enseñan. Es el milagro de la educación cristiana en una sala de clase.

Encontramos en la propia definición de la posición de maestro-educador, el camino para el conocimiento de los alumnos. "En resumen, educar es ayudar alguien a crearse"[41], donde el maestro, en el ejercicio de su función, permite e interactúa con los alumnos para que ellos mismos se desarrollen. El maestro, como educador, reconoce ¡que no hay educación verdadera, sino cuando existe auto-educación".[42] De esta forma, los alumnos son responsabilizados y respetados en su autoformación.

---

[40] FREIRE, Paulo, op. cit, p. 59.

[41] CHARBONNEAU, Paul-Eugene. *Educar.* São Paulo: EPU, p. 190.

[42] CHARBONNEAU, Paul-Eugene., loc. cit.

Como bien escribió Fanny Abramovich:

> La actitud fundamental del educador es aquella que es abierta, que parte de la percepción de cada alumno y del grupo como un todo, que posibilita que cada alumno se conozca y que conozca su compañero; así, después de detectar cuáles son las dificultades, las brechas, los intereses de cada grupo, poder tener alguna idea (que siempre pueda ser reformulada durante la secuencia de un curso) de lo que podría ser el propósito de aquel grupo.[43]

Entonces, al abrirse para el alumno, el maestro descubre los caminos más viables para la enseñanza que se propone a transmitir. Con decoro, Fanny Abramovich concluye:

> Es cuando el maestro está abiertamente conectado a cada alumno, cuando acompaña el proceso de crecimiento, cuando posibilita una formación integral, cuando revisa críticamente con cada grupo todas las dificultades por las cuales pasó, cuando lo hace reflexionar sobre quién es él, como actúa o como impide los otros (o impide a si mismo) de actuar, que fluye el proceso educativo.[44]

[43] ABRAMOVICH, Fanny. *Quem educa quem?* 2a. Ed. São Paulo: Summus, 1985, p. 41.

[44] ABRAMOVICH, Fanny. loc. cit.

Podemos ver que es en función de la actitud del maestro que la propuesta educacional cristiana transmitida por la Escuela Dominical puede o no tener éxito. Si el maestro es adicto de una filosofía educacional inhibidora y silenciadora de los alumnos, abogando por una actitud egocéntrica, que no deja espacio para que los alumnos sean ellos, la educación estará comprometida. No es raro encontrar gente, a menudo sin tener consciencia de esto, reproduciendo esta actitud cuya ineficacia, como la saciedad, se ha demostrado. Necesitamos, en cambio, luchar para que la praxis[45] educacional de la Escuela Dominical de nuestras iglesias represente siempre lo que hay de mejor y más actualizado en el campo de la educación. Es necesario abandonar la retaguardia y tomar una posición vanguardista como agentes de la educación cristiana en la historia.

La cuestión, en definitiva, es que el maestro conozca sus alumnos. "Conocer el hombre, su pensamiento, es una tarea bastante difícil," admitió Aglael Luz Borges, en su obra presentada en el II Congreso Brasileño de Psicopedagogía y V Encuentro de Psicopedagogos, realizado en julio de 1992, en São

[45] Capturo prestada aquí la comprensión de 'praxis' propugnada por Beatriz Judith Lima Scoz, en su obra "Algumas Considerações sobre a Práxis Psicopedagógica na Realidade Educacional Brasileira", en la cual afirma que "la idea de praxis, por lo tanto, se firma en una comprensión del hombre como ser activo y creador, que se transforma a la medida que transforma el mundo por su acción material y social". En: *A Práxis Psicopedagógica Brasileira.* São Paulo: ABP.p, 1994, p. 19.

Paulo. Él comentó que los educadores "deben estar atentos para que, a través de más conocimiento, puedan vivenciar mejor la praxis, integrando en la medida de lo posible el discurso, el sentimiento y la acción".[46]

Aunque sea difícil, la tarea de conocer aquellos a los cuales el maestro-educador desea ayudar en el proceso educacional desarrollado en la clase de la Escuela Dominical debe ser realizada con dedicación y prioridad. De esta manera se dará cuenta de que, como bien observó Jerry M. Stubblefield: "Las personas aprenden de diferentes maneras. Esto es especialmente verdadero con diferentes grupos de edad".[47] La forma como un preescolar aprende es muy diferente de la forma de un adolescente o joven. El adulto también aprende de forma diferente. Así, el maestro tiene que tomar posesión de las características, dentro de la psicología del desarrollo, de la edad de las personas que constituyen la clase que enseñará.

No tener en cuenta estas peculiaridades personales puede resultar en errores graves que ciertamente afectarán el resultado final del trabajo del maestro. Muchos insisten en el ejercicio del magisterio cristiano, sin la imprescindible incursión en el estudio de las características del educando, de acuerdo con el grupo de

[46] BORGES, Aglael Luz. "O Movimento Cognitivo-Afetivo-Social do Homem Ser-Sujeito na Relação do Conhecimento - Uma Proposta de um Paradigma em Psicopedagogía." En: *A Práxis Pscopedagógica Brasileira*, p. 76.

[47] STUBBLEFIELD, Jerry M. *The Effective Minister of Education - A Comprehensive Handbook*. B&H Publishing Group. Nashville, TN.

edad. De esta forma, practican lo que Hamilton Werneck llama de "engañogogía",[48] o sea, los que practican todo tipo de engaño en el proceso de enseñanza-aprendizaje, como también en su administración.

Existen buenos libros que pueden auxiliar el maestro en la tarea de conocer sus alumnos.[49] Sin embargo, además de este conocimiento teórico, es muy importante un conocimiento práctico, porque solamente a través de él, el maestro puede conocer los alumnos para los cuales enseña las Escrituras. Algunas orientaciones que pueden ser útiles en este sentido:

1. Conozca sus alumnos por nombre.

Es muy importante llamar el alumno por su nombre. La convivencia de la iglesia favorece esto, pero es bueno que el maestro desarrolle su propio método para que no se olvide del nombre de cada uno de sus alumnos. Cuando llamamos las personas por su nombre demostramos atención y respeto, abrimos una puerta que facilitará mucho la relación y la comunicación.

2. Visite sus alumnos.

Nada como una visita a la casa del alumno para conocer su realidad de vida. El relacionamiento en el

[48] WERNECK, Hamilton. *Se você finge que ensina, eu finjo que aprendo.* 11ª Ed. Petrópolis, Vozes, 1992, p. 55, 56.

[49] En el final, el lector encontrará una bibliografía básica para la Escuela Dominical, en la cual constan obras interesantes que tratan de las características y de las necesidades del niño, del adolescente, del joven y del adulto.

templo puede ser ilusivo. Muchas veces la realidad de vida del alumno no queda bien entendida cuando la interacción es solamente en la iglesia. Sin embargo, en el hogar del alumno es más difícil esconder la realidad en este respecto.

Conocer las condiciones de vida de los alumnos ayuda el maestro a entenderlos y auxiliarlos en la enseñanza de la Palabra de Dios. Cuando el alumno recibe la visita del maestro se siente más libre y el relacionamiento se vuelve más auténtico. En el momento de consejería o del pedido de una determinada tarea, el maestro tendrá mucho más a ganar si ha visitado sus alumnos.

3. Muestre interés por la vida de sus alumnos.

Procure saber sobre la escuela, amistades, noviazgos y otras relaciones de sus alumnos. Muestre interés por sus vidas. Entre más el maestro conoce de la vida de sus alumnos, mejor será su trabajo en la sala de clase. Anote en su agenda la fecha de cumpleaños de sus alumnos, y así los podrá contactar, ya sea enviando una tarjeta, o haciendo una mención en clase. El hecho del maestro recordar su cumpleaños hará que el alumno lo admire y respete más.

4. Aproxímese de su familia.

Conozca a los demás miembros de la familia de sus alumnos y, en lo posible, converse con ellos. Esto hace que sientan que usted hace parte de la vida de sus alumnos, y así usted formará parte de la familia de ellos. Cuando una familia siente que uno de sus miembros es importante para el maestro sentirán como que toda la iglesia la estuviera cuidando.

5. Descubra la ocupación y los intereses de sus alumnos.

¿Cuál es la profesión de cada uno? ¿Cuál es el curso que cada uno está haciendo? Estas informaciones son de gran valor del punto de vista didáctico-pedagógico. Son muchas las ilustraciones que pueden ser extraídas de la vida profesional o estudiantil de los alumnos. Usando este recurso, la comunicación será establecida con mayor eficacia. Muchas veces un ejemplo extraído del ambiente profesional o académico de los alumnos tendrá mayor efecto en la enseñanza que horas de exposición.

También son de gran valor las informaciones acerca de los intereses de los alumnos como: deportes, lecturas, películas, cantantes y artistas, carros, viajes, etc. Estas cosas contribuyen para que el maestro conozca más profundamente las personas a las cuales transmite la Palabra de Dios. También lo ayudará a introducir en el contexto de la clase juegos cortos y momentos ligeros de relajación que contribuirán emocionalmente para el bienestar de los alumnos en clase.

Sea sociable.

Conseguirá mucho el maestro de adolescentes o de jóvenes que juega al fútbol con ellos, o que sale por la noche para un paseo o para comer una pizza con ellos. El trabajo de un maestro de adultos será más fácil cuando participa en actividades como un asado juntos, el salir de pesca, etc., pues no existirán barreras en el relacionamiento y en la comunicación.

Por otro lado, un maestro que huye de los momentos de sociabilidad, perjudica su trabajo, comprometiendo la eficacia de su enseñanza.

¿QUIÉNES SON SUS ALUMNOS?

El objetivo de este capítulo fue demostrar la importancia de que el maestro se dedique a la difícil, pero imprescindible tarea de conocer sus alumnos. Si el maestro de la Escuela Dominical pone en práctica las ayudas e ideas aquí mencionadas, y de otras que vienen de diversas fuentes de información, percibirá el placer y la facilitación de su tarea aumentados.

No tenga miedo o vergüenza. Lánzate a la aventura de conocer con profundidad a aquellos que te tienen como maestro. Nade lo más profundo que pueda en la realidad de vida de sus alumnos. Recuerde que la profundidad de su enseñanza dependerá de la intensidad del conocimiento que usted tiene de sus alumnos.

Sea educador-educando, relaciónese de forma creativa y dinámica con educando-educadores. Sea y permita que el alumno sea integral, intenso y natural. Así, la educación cristiana será ampliamente productiva, dentro y fuera de la sala de clase.

9

Y, ¿QUÉ TIPO DE MAESTRO SOY YO?

COMO MEJORAR LA CALIDAD DEL TRABAJO DEL MAESTRO

Hasta que todos lleguemos a la unidad de la fe y del conocimiento del Hijo de Dios, al hombre perfecto, a la medida de la estatura de la plenitud de Cristo (Ef 4:13).

El capítulo anterior ayudó mucho en el ámbito de éste, ya que mostró una visión de la naturaleza del maestro, concibiéndolo especialmente como educador. Entonces, vamos añadir una dimensión que realmente resume de manera única quién debe ser el maestro.

EL MAESTRO PARTERO

Aquí hay una referencia al método de enseñanza usado por Sócrates, la "mayéutica, nombre que recuerda la profesión de su madre, que era partera".[50] El maestro es aquél que saca a la luz el conocimiento.

[50] LOPES, Luciano. *O Professor Ideal*. 3a. ed. Rio de Janeiro: Casa do Educador A.A., 1996, p. 19

El maestro Luciano Lopes afirma: "La tarea del maestro no es tanto la de enseñar, como la de provocar el estallido de las ideas."[51]

Después de cubrir los capítulos anteriores, y pensar mucho en esta tarea de enseñar, el maestro ahora puede hacer un ejercicio de autoevaluación para detectar en su vida áreas que necesitan ser trabajadas, con el fin de mejorar su trabajo. Es maravilloso servir a Dios como maestro de la Escuela Dominical, pero debe evaluar constantemente de ministerio. El deseo de ejercer con dedicación la tarea de enseñar las Escrituras tiene que asumir siempre el reciclaje y la mejoría, de lo contario, si no sucede, se puede dar una situación de retroceso y letargo en la Escuela Dominical.

El maestro, como los demás creyentes, necesita crecer y mejorar. Cada día representa un nuevo desafío, cada trimestre una nueva oportunidad de crecer con y a través de la vida de sus alumnos. "Por supuesto, para que el maestro ejerza con eficacia la mayéutica de las ideas, debe tener una vocación y formación especializada."[52] Esta preparación se llevará a cabo en el curso de la propia experiencia del maestro, y en su disposición de participar en los programas de reciclaje y de formación a que tenga acceso.

Sin embargo, muchos son resistentes a la idea de reciclaje y de formación. Hay maestros de la Escuela Dominical que jamás aceptaron participar de un curso

---

[51] LOPES, Luciano. loc. cit.

[52] LOPES, Luciano. loc. cit.

de capacitación; son autosuficientes, piensan que están preparados y creen que están en posesión de saberlo todo. No puede haber cosa más perjudicial para una Escuela Dominical que personas que se niegan a crecer y a mejorar.

Ser maestro de la Escuela Dominical implica en mejorar constantemente, abrirse a lo nuevo, mantener la mente fresca y el corazón abierto para experimentar nuevos métodos, intensificar acciones educacionales, probar, experimentar. En este sentido, la sala de clases es un laboratorio permanente donde el maestro y los alumnos se lanzan a nuevos descubrimientos y experimentos cuyos resultados pueden contribuir al crecimiento del Reino de Dios.

Los que resisten a la idea de reciclaje y de formación carecen de humildad. Humildad es la convicción de que no tenemos ni somos la última palabra. La humildad ayuda al maestro a entender sus limitaciones y deficiencias. Al analizar estos resistentes, inferimos un cierto desprecio por la obra de Dios, a veces disfrazado de piedad y responsabilidad. Si una persona no quiere corregir los errores, redirigir caminos equivocados, corregir fallas y mejorar los métodos y técnicas sobre la enseñanza dinámica y eficaz de las Escrituras, entonces nos daremos cuenta, de la, desconsideración que esta persona tiene con la nobleza del ministerio de la enseñanza de la Biblia en la iglesia.

Hoy las cosas suceden con una enorme velocidad. Cada día trae nuevas ideas, surgen mejores métodos, nacen paradigmas contemporáneos y relevantes en el área de la enseñanza. A través de la participación continua en los programas de reciclaje, cursos de perfeccionamiento, clínicas y laboratorios de enseñanza, el maestro de la Escuela Dominical se actualizará, conociendo las novedades y, naturalmente, mejorando la calidad de su trabajo.

El pastor y los líderes de la iglesia deben esforzarse y tener consciencia de la necesidad de mejorar y perfeccionar la educación cristiana para ser desarrollada en la vida de sus maestros. Además, la iglesia debe invertir en esta necesidad. Será bueno que la iglesia se esfuerce para financiar los programas de reciclaje para sus maestros, y darles condiciones cada vez mejores para el desarrollo de su ministerio.

Muchos maestros se sienten frustrados cuando su iglesia no los valora, no invierte nada en sus vidas y en el potencial de cada uno. Cuando eso ocurre, vemos maestros dedicados que desean mejorar su trabajo, y líderes bloqueando su ideal e interrumpiendo su vocación. Debemos asegurar que la iglesia invierta con objetividad y fe en el mejoramiento de su maestro.

Cuando se reconozca que la enseñanza de las Escrituras es la base de todo lo que una iglesia realiza, sea misiones y evangelismo, música, acción social, cultura, o educación, el resultado será un clima favorable para invertir en el área de la Escuela Dominical.

De manera general, podemos dividir los maestros en dos categorías. Está división apenas tiene un objetivo didáctico, buscando auxiliar el maestro a identificar en que necesita de reciclaje y/o de entrenamiento:

MAESTROS QUE SABEN COMO ENSEÑAR

Maestros que saben enseñar son aquellos que dominan los métodos de enseñanza, que conocen bien la didáctica. Son capaces de planear y desenvolver una lección técnicamente perfecta y eficiente. Estos maestros casi nunca tienen problemas con el tiempo de la lección o la motivación de los alumnos, pues conocen exactamente las técnicas para evitar este tipo de problema.

MAESTROS QUE SABEN LO QUE ENSEÑAN

Estos son los maestros que conocen bien la Palabra de Dios y saben exactamente lo que debe ser enseñado para sus alumnos. Tienen una buena base doctrinaria, conocen bien la historia bíblica, saben discernir si una determinada enseñanza tiene o no fundamentación bíblica. Su contribución para la Escuela Dominical se da preponderantemente en la dimensión del contenido bíblico.

En la realidad educacional de una iglesia local, estas dos categorías se manifiestan en por lo menos cuatro tipos de maestros en la Escuela Dominical:

EL CÓMO, SIN LO QUE

Son maestros que saben cómo enseñar, pero no saben lo que enseñar, o sea, dominan bien las técnicas, la didáctica, pero no tienen un dominio de la Palabra de Dios. La clase siempre va tener fallas en el aspecto del contenido. Se estará corriendo el riesgo de dejar sus alumnos salir de la sala sin saber los aspectos fundamentales del texto estudiado. Las clases serían realizadas, pero el crecimiento bíblico-doctrinario será lento.

Lo que, sin el cómo

También encontramos en la Escuela Dominical aquellos maestros que dominan muy bien el contenido, pero no conocen bien las técnicas de la enseñanza. Siempre queda claro para los estudiantes que él conoce el asunto que está enseñando, pero falta habilidad para la enseñanza. El riesgo en el caso de este maestro es no conseguir transmitir el contenido que tanto conoce. Al no ser capaz de adecuar la materia dentro del tiempo disponible, deja de enseñar parte importante del contenido.

Sin lo que, y sin el cómo

Existen aquellos maestros que son deficientes tanto en el método, o en la técnica, como en el contenido. Lo que acontece es un cuento de fantasía sin productividad. La tendencia en estos casos es la de dedicarse a otros asuntos, a las conversaciones informales e incluso compartir experiencias que no tiene nada que ver con lo que debería ser enseñado.

LO QUÉ, Y EL CÓMO

Son aquellos maestros que unen el conocimiento de la técnica con el contenido. Saben lo que deben enseñar y conocen precisamente cómo hacerlo. Dominan tanto el contenido como la técnica de la enseñanza. Pertenecen al grupo de maestros ideales para la Escuela Dominical, pues pueden practicar su oficio con alcance y competencia. La meta de cada Escuela Dominical debe ser el de ayudar a sus maestros para que pertenezcan a este segmento. Esto demandará un programa de formación por parte del liderazgo educacional de la iglesia.

FORMACIÓN DIRIGIDA

En vista de estos conceptos, debemos examinar las propuestas de formación y de reciclaje que tradicionalmente son presentadas en nuestras iglesias. Por lo general, la formación ofrecida ha tratado al maestro de manera masificada. Lo que hemos visto es una división de los maestros en función del grupo de edad que enseña. La idea es que se puede poner en la misma sala de formación todos los maestros de adolescentes. La formación es estructurada a partir de lo que los maestros tienen en común.

Nuestro pensamiento es que los programas de formación y reciclaje deben ser estructurados a partir de las diferencias, y no de las semejanzas entre los maestros. De esta forma, en lugar de ofrecer una formación general para los maestros de adolescentes, se daría un curso de mejora de las técnicas de enseñanza para adolescentes, o conociendo mejor el Nuevo Testamento. Nuestro entendimiento es que este tipo de propuesta atraerá el maestro en función de las características y necesidades. El resultado es que el maestro de calidad podrá estar disponible a mediano y largo plazo.

Pensando en la iglesia local, un buen consejo es reunir los maestros con el fin de orientarlos sobre los tipos de maestros mencionados en este capítulo. Los maestros se deben identificar con uno de estos tipos de maestros. El cuestionario que sigue se desarrolló con el fin de ayudar a los maestros a conocerse mejor. Este cuestionario debe aplicarse después de una presentación clara y objetiva sobre los tipos de maestros que existen en la Escuela Dominical:

FORMULARIO DE AUTO-IDENTIFICACIÓN DEL MAESTRO

Marque en cuál de los siguientes casos hay una descripción apropiada de su vida como maestro:

☐ 1. En el ejercicio de mi ministerio predomina más el *cómo enseñar*.

☐ 2. En el ejercicio de mi ministerio predomina más *que enseñar*.

☐ 3. En el ejercicio de mi ministerio *cómo* y *que enseñar* son observados de forma equilibrada.

☐ 4. En el ejercicio de mi ministerio preciso desenvolver tanto *cómo* cuanto *que* enseñar.

Responda a las siguientes preguntas si usted está de acuerdo en que el liderazgo de la Escuela Dominical elabore un Programa de Capacitación Dirigida por la cual usted reciba ayuda específica en lo que necesita. Luego, entregue este formulario al Director de la Escuela Dominical.

Nombre completo: ______________________________

Clase que enseña: ______________________________

Fecha de nacimiento: ___________________________

Dirección: ____________________________________

Barrio: _______________________________________

Ciudad: _______________________________________

Departamento: _________________________________

Teléfono de la casa: ____________________________

Teléfono celular: _______________________________

E-mail: _______________________________________

Con los formularios en mano, la dirección de la Escuela Dominical podrá desarrollar un programa de reciclaje que alcance directamente los maestros en sus necesidades específicas. Este programa de reciclaje puede ser desarrollado hasta individualmente, tomando en consideración que muchos maestros tienen condiciones de auto-reciclaje a través de lecturas y de acompañamiento por parte de la dirección de la Escuela.

AUTOFORMACIÓN

Consciente de su necesidad de constante formación y reciclaje, el maestro no necesita esperar por un curso o una clínica. Por sí sólo, puede leer libros y ver nuevos métodos con el fin de enriquecerse. Una práctica buena es la lectura de libros dirigidos para la práctica de la enseñanza. Al final de este libro encontrará una bibliografía básica de la Escuela Dominical que le ofrecerá libros cuya lectura ayudará y contribuirá para la mejora de su enseñanza en la sala de clase.

El programa de auto-reciclaje aún considera oportunidades de crecimiento personal de una manera formal. Sí en su ciudad existe un seminario teológico evangélico, será bueno buscar informaciones sobre la posibilidad de cursar materias sin matrícula, como Introducción a la Biblia, Antiguo Testamento, Nuevo Testamento, Teología Sistemática, Didáctica, Geografía Bíblica entre otras. Usted podrá cursar *una o dos materias libres cada semestre, y con el pasar de los años se profundizará en el conocimiento de las Escrituras.*

A su vez, la iglesia puede, dentro de sus posibilidades, ayudar sus maestros en este programa de reciclaje más formal. En el caso de los maestros con menos posibilidades financieras, puede incluso patrocinar la formación.

El maestro de la Escuela Dominical es aquel obrero que jamás para en el tiempo, pero que crece un poco cada día. Es importante que cada maestro valorice un reciclaje constante y periódica, siempre con aquel sentimiento de humildad y deseo de mejorar.

La obra de Dios merece que dediquemos lo mejor de nosotros. Por eso, en el desarrollo de su personalidad, el maestro siempre debe cultivar celo por su apariencia, capacidad de expresión, cortesía, optimismo, espíritu de simpatía, autodirección, espíritu de iniciativa, entusiasmo y salud.[53]

EN LA ERA DE LA INFORMACIÓN

Vivimos en una generación de la información y de la comunicación. El mundo entero está interconectado por la mayor red de información de todos los tiempos, la internet. Las posibilidades y oportunidades que acompañan la Internet aún son vislumbrados de forma muy incipiente por la mayoría de las personas. Sin embargo, la verdad es que estamos ante el mayor ambiente de influencia virtual en el mundo.

El maestro, con su ministerio de interpretar la Biblia para el hombre de hoy, no puede ignorar el potencial de la Internet. A través de la Internet, el maestro se puede actualizar, instruirse y aumentar sus conocimientos sobre lo que está enseñando.

Hay innúmeras fuentes de investigación en la Internet que dan acceso a informaciones sobre la Biblia y la Teología. Navegando ésta, el maestro encontrará recursos que antes eran casi imposibles de ser encontrado a distancia. Por otra parte, siempre puede

[53] LOPES, Luciano. op, cit, p. 25-50.

comprar libros, consultar enciclopedias y conversar a través del correo electrónico (e-mail) con maestros de universidades, especialistas de todo el mundo, intercambiar ideas con pastores y otros maestros de la Escuela Dominical que están lejos de él.

En la actualidad hay miles de iglesias presentes en Internet. Al visitar las página de ellas, el maestro puede estudiar el desarrollo de sus ministerios, y aprovechar el acceso a informaciones disponibles. Para que el lector tenga una idea, en el día en que este capítulo está siendo escrito, la "homepage" de nuestra iglesia completó la marca de 1.700 accesos, en cinco meses apenas. Personas de todo el mundo entraron en nuestra página para conocer un poco sobre nuestra iglesia.

Hoy podemos estudiar por la Internet, hacer compras, búsquedas, conversar, escribir cartas, además de informarse política, social y culturalmente, y comunicarse con personas distantes. En su discurso anual de 1997 (The State of Union), el presidente Bill Clinton, de los Estados Unidos, dijo que su objetivo es el de permitir que niños americanos, a partir de los 12 años, tengan la habilidad suficiente para usar la Internet. También habló del propósito de proveer esta red mundial en cada sala de clases y cada enfermería de hospital. Recordó de la maravilla que la Internet ya representa en el campo de la ciencia y de la tecnología, especialmente por la generación de la información instantánea. Una persona que está internada en un hospital podrá comunicarse con sus familiares y recibir apoyo y ayuda, mismo que sean familiares que están del otro lado del planeta. Sus médicos podrán consultar opiniones de especialistas en todo el mundo, inclusive remitiendo exámenes, boletines, etc., lo que podría significar la curación del enfermo y todo ello a un costo increíblemente bajo.

El maestro de la Escuela Dominical debe tomar posesión de este universo virtual que, más que cualquier otra cosa, ha caracterizado el final del siglo pasado y el comienzo del presente. Debe proporcionar las herramientas de la Internet para mejorar la calidad de su enseñanza de las Escrituras.

10

¡SOCORRO! ¡SOY MAESTRO DE LA ESCUELA DOMINICAL!

BENDICIONES Y DESAFÍOS PARA EL NUEVO MILENIO

La instrucción del sabio es manantial de vida para librar de los lazos de la muerte (Pr 13:14).

ESPERANZA

Este es el sentimiento de nuestro corazón al terminar este libro. Esperanza de ver nuestras Escuelas Dominicales más dinámicas, especialmente en lo que se refiere a la tarea del maestro. Enseñar la Biblia es una bendición y un desafío para la vida del maestro. Bendición, porque surge de la convicción de que se trabaja, no por verdades humanas o temporales, sino por verdades divinas y eternas; y desafío, por la consciencia de que sólo se puede ser maestro de la Escuela Dominical bajo la iluminación divina.

El maestro de la Escuela Dominical puede sentir la alegría de la bendición y el placer por el desafío. ¡Qué bueno es Dios al confiar tan sublime tarea a hombres y mujeres!

EL MAESTRO COMO PUENTE

Ser maestro es tener el privilegio de ser el puente entre las verdades de Dios y las necesidades de los hombres; entre los designios de Dios y las perplejidades de los hombres; entre el consuelo de Dios y la carencia de los hombres. Ser maestro de la Escuela Dominical es ser el puente a través del cual los alumnos alcanzan el objetivo de la edificación.

El maestro es feliz de ver personas llegar al otro lado del río. Sin el puente, el otro lado es un sueño; con el puente es una realidad. Sin el puente, el mar y el abismo son invencibles; con el puente los dos son domados y superados. Sin el puente los beneficios de la travesía se relativizan; con el puente se vuelven desafíos. Ser maestro de la Escuela Dominical es ser un puente.

EL MAESTRO COMO ALUMNO

Ser maestro es ser alumno. Es aprender junto con los alumnos, con las lecciones, con la vida. Es darse cuenta de lo que el Maestro le quiere mostrar y enseñar. Es no permitir que la equivocada posición de quien enseña lo torne vanidoso. Es tornar su ministerio en un constante, desafiador y dinámico aprendizaje.

Ser maestro es ser alumno, por lo tanto, uno más en el medio de los otros. Es sentir los dolores y las preocupaciones de ellos. Es ser uno con los demás alumnos y dejar de ser uno consigo también. Ser alumno es tener amigos, es hacer parte de una comunidad, es no estar solo.

EL MAESTRO COMO SIERVO

Ser maestro significa servir a Dios y al prójimo. El espíritu de servicio prevalece en el corazón del maestro de la Escuela Dominical. La consciencia de quién es su Señor es de fundamental importancia en la vida del maestro. El maestro sirve a Dios dentro y fuera de la sala de clase con alegría y disposición, con espontaneidad y placer.

Este servicio muchas veces implicará una renuncia a muchas cosas de la vida diaria, lo que es una característica indispensable en la vida de quien enseña.

EL MAESTRO COMO CANAL PARA EL CRECIMIENTO

Servir a Dios como maestro de la Escuela Dominical es ponerse estratégicamente en la posición de un canal para el crecimiento de la iglesia. A través de la Escuela Dominical, la viabilidad del crecimiento de la iglesia es segura y cierta. Implícito está que del trabajo del maestro dependerá el crecimiento. Como recordó Valdir Steuernagel: "La calidad de discípulos que produce el evangelio en el contexto de una iglesia, es el certificado de cuan saludable o enfermo fue el crecimiento de esta iglesia."[54] El maestro es la figura principal en este proceso de "control de calidad".

Como canal de crecimiento, el maestro no bloquea el desarrollo de la obra, más bien contribuye para que las oportunidades de crecimiento sean debida y sabiamente aprovechadas. El maestro no es el responsable por el crecimiento de su iglesia, pero si uno de los canales para que tal crecimiento acontezca. "Para que la iglesia crezca es necesario que el evangelio sea predicado y vívido y que encuentre una respuesta positiva."[55] Cumpliendo su papel de canal, el maestro será un instrumento para el crecimiento de su iglesia.

EL MAESTRO Y SU RESPONSABILIDAD

La responsabilidad es una virtud que determina el éxito, o el fracaso, de cualquier emprendimiento. La enseñanza de la Biblia en una clase de Escuela Dominical es el más sublime y remunerador de todos los emprendimientos. Actuando con un sentimiento de intensa responsabilidad en el liderazgo de cada clase y de cada actividad de su clase, podrá demostrar a los alumnos cuanto considera y valora su ministerio. El maestro será capaz de generar en ellos el mismo sentimiento de celo y de responsabilidad para con el estudio y la aplicación de la Palabra de Dios en la vida.

---

[54] STEUERNAGEL, Valdir. *A Igreja Rumo ao Ano 2000*. Belo Horizonte: Missão, 1991, p. 92

[55] STEUERNAGEL, Valdir., op. cit. p. 91.

EL MAESTRO DA LA GLORIA DE DIOS

Realizando el trabajo duro y arduo de prepararse adecuadamente para la enseñanza de las Escrituras, aunque se esfuerce al máximo para realizar su trabajo con la mayor perfección posible, el maestro jamás debe esperar recibir gloria. Recibirá honra, gratitud, reconocimiento, pero la gloria siempre deberá ser para Dios. Por esta razón, entendemos que las personas que han sido usadas de forma extraordinaria por Dios en el liderazgo de su pueblo poseen "un único propósito en vista: que sus vidas y su trabajo contribuyan para la honra y la gloria de Dios, mediante cualquier tipo de servicio que sean capaces de realizar".[56]

Al tener como objetivo la gloria de Dios en sus vidas y a través de ellas, los maestros de la Escuela Dominica construyen una fundación firme sobre la cual el Espíritu Santo de Dios edificará su iglesia madura y transformadora.

GRATITUD

La última palabra que queremos dejar para los maestros de la Escuela Dominical de la iglesias evangélicas es el reconocimiento del gran privilegio que Dios les ha dado para que puedan ejercer el ministerio de la enseñanza de la Biblia en sus iglesias. De hecho, Dios ha sido maravilloso en levantar en cada iglesia personas como usted, dedicadas e

[56] BARNA, George. *Igrejas Amigáveis e Acolhedoras*. São Paulo: Abba, 1995, p. 199.

interesadas en la enseñanza y en la difusión de la Santa Palabra.

Al elegir una persona para la tarea de la enseñanza, Dios la acompaña, protege y suple sus necesidades. Nuestro Señor sabe que cada maestro constituye el mayor de todos los patrimonios. Dios no es ajeno a la situación de cada maestro. El Señor está cerca de aquel que se dedica a la enseñanza de las Escrituras.

Debido a esto, el maestro debe tomar posesión de las preciosas promesas de la Palabra de Dios, actuando de tal manera de hacer uso de ellas en su vida cotidiana. Por encima de todas las cosas, el maestro es alguien que vive el siguiente Salmo: *Sino que en la ley de Jehová está su delicia y en su Ley medita de día y de noche* (Sal 1:2).

Seguro de que está en el centro de la voluntad de Dios, el maestro sigue ejerciendo el ministerio que recibió del Señor. Consiguiendo extraer placer y contentamiento de todas las circunstancias en las labores de la enseñanza de la Palabra de Dios, él no se desanima en vista de los desafíos, no se rinde ante los obstáculos, no desmaya frente a las tribulaciones. Sabe en quién confiar, conoce a quién adorar, y vive las verdades que enseña. Él es maestro, y enseña la Palabra de la cual se alimenta cada día.

Si en su experiencia como maestro nunca fue comprendido o recompensado; si muchas veces pensó en desistir; si pensó en el corazón abandonar la tarea; si innúmeras veces sintió gritar socorro; aquí está en las palabras del apóstol Pablo comoestímulo para que no desista: *Por tanto, no desmayamos; antes, aunque este nuestro hombre exterior se va desgastando, el interior no obstante se renueva de día en día, pues esta leve tribulación momentánea produce en nosotros un cada vez más excelente y eterno peso de gloria; no mirando nosotros las cosas que se ven, sino las que no se ven, pues las cosas que se ven son temporales, pero las que no se ven son eternas* (2 Co 4:16-18).

¡Adelante, maestro! A cada día la vida del maestro va siendo renovada en función de su fe y su servicio del Reino. Realice el ministerio que Dios le dio. Tome posesión de las orientaciones y de los consejos aquí compartidos, tenga coraje y fe, encare su función con el brillo que le es peculiar, crea que Dios hará prosperar la obra de sus manos. Crea que tendrá la alegría de constatar en la vida de los alumnos de hoy, hombres y mujeres de Dios mañana. Maestro de la Escuela Dominical, la promesa bíblica también es para usted:

Irá andando y llorando el que lleva la preciosa semilla, pero al volver vendrá con regocijo trayendo sus gavillas (Sal 126:6).

ARCHIVOS ADJUNTOS

LOS DIEZ MANDAMIENTOS DEL MAESTRO DE LA ESCUELA DOMINICAL

1. Amar la Palabra de Dios a punto de estudiarla con dedicación y constancia.

2. Reconocer el valor de la Educación Cristiana y tener en la más alta estima la misión del educador.

3. Estar siempre bien preparado para enseñar la Biblia en la clase.

4. Siempre estar al día con los nuevos métodos de enseñanza y tratar de renovarlos cuando sea necesario.

5. Dar instrucción sin olvidar la educación, o sea, transmitir conocimiento y al mismo tiempo formar el carácter.

6. Amar el alumno como a su propio hijo.

7. Saber que el alumno tiene una personalidad que merece respeto; y una vida cristiana en desarrollo.

8. Amar la iglesia de la cual es miembro, honrando con su presencia y contribución sus programaciones y sus promociones.

9. Procurar en todo ser ejemplo digno de ser seguido por sus alumnos.

10. Estudiar siempre con el propósito de perfeccionarse para siempre servir mejor al Señor.

(Basado en el texto *Os Dez Mandamentos del Professor*, de LOPES, Luciano. *O professor ideal.* 3ª ed. Rio de Janeiro: Casa do Educador, 1966, p. 50-51).

EL PLAN DE SALVACIÓN

Existen varias versiones del Plan de Salvación, todas con sus méritos. Aquí citamos lo que nos parece mejor para el uso del maestro de la Escuela Dominical. Es la versión conocida como el Camino de los Romanos, que tiene la peculiaridad de utilizar sólo los textos de la Carta de Pablo a los Romanos.

Como está escrito: No hay justo, ni aun uno (Ro 3:10).

Por cuanto todos pecaron y están destituidos de la gloria de Dios (Ro 3:23).

Por tanto, como el pecado entró en el mundo por un hombre y por el pecado la muerte, así la muerte pasó a todos los hombres, por cuanto todos pecaron (Ro 5:12).

Porque la paga del pecado es muerte, pero la dádiva de Dios es vida eterna en Cristo Jesús, Señor nuestro (Ro 6:23).

Pero Dios muestra su amor para con nosotros, en que siendo aún pecadores, Cristo murió por nosotros. Con mucha más razón, habiendo sido ya justificados en su sangre, por él seremos salvos de la ira (Ro 5:8, 9).

Si confiesas con tu boca que Jesús es el Señor y crees en tu corazón que Dios lo levantó de entre los muertos, serás salvo, porque con el corazón se cree para justicia, pero con la boca se confiesa para salvación (Ro 10:9, 10).

BIBLIOTECA BÁSICA DEL MAESTRO DE LA ESCUELA DOMINICAL

BIBLIAS

La Biblia Jerusalén. Ediciones Paulinas, 1973.

Dios habla hoy. Sociedad Bíblica Americana.

Biblia Evangelística NVI. Editorial Vida.

La Biblia en Internet. www.biblija net. Sociedad Bíblica

La Biblia en línea Reina Valera 1960. www.bibliaenlinea.org

CONCORDANCIA

Concordancia de la Biblia Strong Concisa. Grupo Nelson.

DICCIONÁRIOS, MANUALES Y ATLAS

ROPERO, ALFONSO. *Gran Diccionario enciclopédico de la Biblia.* Editorial Clie.

Atlas Bíblico Conciso de Holman. Editorial Broadman & Holman.

Diccionario de la Biblia. Editorial Herder

Atlas bíblico Portavoz. Editorial Portavoz

Libro de Tablas Comparativas Bíblicas, Mapas y Líneas de Tiempo. B&H

COMENTÁRIOS BÍBLICOS

Comentario Bíblico de Matthew Henry: Obra completa sin abreviar (13 tomos en 1). Editorial Clie.

Comentario Bíblico Del Maestro. Editorial Patmos

Usos y costumbres de los Judíos en los tiempos de Cristo. Editorial Clie

PFEIFFER, Charles E, HARRISON, Everett F. *Comentario Bíblico Moody:.* Los tomos 1-3 (Antiguo Testamento) cubren de Génesis a Malaquías. Los tomos. 4 y 5 cubren de Mateo hasta Apocalipsis. Editorial Portavoz

Panorama del Antiguo Testamento. Editorial Portavoz

PARA CONOCER MEJOR LOS ALUMNOS Y ENSEÑAR MEJOR

FRANCA Paulo / MERCK, David *.101 Ideas creativas para maestros.* Editorial Clie.

LEFEVER, Marlene. *Estilos de aprendizaje* (Biblioteca del Educador). Editorial Patmos.

HENDRICKS, Jr., Howard. Enseñando para cambiar vidas. Editorial Unilit

BURKHART, Rob. *Despierte al gigante dormido.* Gospel Publishing House

LEFEVER, Marlene. *Métodos Creativos de Enseñanza.* Editorial Patmos

TOWNS, Elmer *La escuela dominical dinámica.* Editorial Vida

HOWSE, W. L. Orientando Jovens no Estudo Bíblico. Rio de Janeiro: Juerp, 1986. 112p.

PRICE, A. A Pedagogia de Jesus. 13a ed. Rio de Janeiro: Juerp, 1995. 162p.

WELCH, Norvel. Melhor Ensino Bíblico para Adultos. Rio de Janeiro: Juerp, 1982, 112p.

La Biblia en multimedia - CD ROM. Brasília: Laicus Consultoría e Informática Ltda, 1996. (Texto bíblico completo, mapas bíblicos, cronología de la vida de Jesús, concordancia y sumarios y bosquejos de los libros de la Biblia).

BíbliaSoft-CD ROM. Curitiba, PUBLISOFT Publicaciones Informatizadas Ltda, 1996. (Texto bíblico completo, texto griego del Nuevo Testamento, diccionario de los nombres bíblicos, mapas bíblicos, comentarios sobre lugares geográficos bíblicos, introducción a los libros bíblicos, informaciones sobre monedas, pesos y medidas).

La Biblia habla - Varios estudios bíblicos temáticos. - http://www.cuc.edu/cqi-bin/bf.pl

La Biblia net - El texto bíblico en portugués. - http://www.cuc.edu/cqi-bin/biblia

Ecksianet Devocionales, comentarios, bosquejos, sermones, estudios bíblicos, libros etc. - http://www.eclesianet.com.br

Familia Evangélica - Asuntos diversos ligados a la fe cristiana. - http: / / www.geocities.com/heartland/ 8 871

Teología Sistemática Protestante - Estudios Doctrinales - http://www.nce.ufrj.br/-harpia/estl80

BIBLIOGRAFÍA

LIBROS

ABRAMOVICH, Fanny. *Quem Educa Quem?* São Paulo, Summus, 1985, 141p.

APLEBY, Rosalee. *O Ensino da Palavra.* 13a. Edição, Rio de Janeiro, JUERP, 1995, 138p.

AZEVEDO, Israel Belo de. *Descubra Agora como Viver Bem em Família.* São Paulo, Exodus, 1997, 80p.

BARNA, George. *Igrejas Amigáveis e Acolhedoras.* São Paulo, Abba Press, 1995, 202p.

BARNETTE, J. N. *The Place of Sunday Schoolin Evangelism.* Nashville, TN, Broadman Press, 1963.

CARSON, D. A. *A Exegese e suas Falácias - Perigos da Interpretação da Bíblia.* São Paulo, Vida Nova, 1992, 144p.

CHARBONNEAU, Paul-Eugène. *Educar - Diálogos de Gerações e Problemas da Juventude.* São Paulo, EPU,418p.

COLEMAN, Jr., Lucien. *Como Ensinar a Bíblia.* Rio de Janeiro, JUERP, 1989, 202p.

COM OS OLHOS NO FUTURO - Teses do Congresso Batista Brasileiro. Rio de Janeiro, JUERP/Conselho de Planejamento e Coordenação da Convenção Batista Brasileira, 1991, 204p.

DORNAS, Lécio. *O Jornal e a Bíblia.* Cuiabá, Edição do Autor, 1996, 102p.

DUSILEK, Darcy. *A Igreja em Peregrinação - Implicações do conceito de paroikia para a vida e missão da igreja no alvorecer do terceiro milénio*. Rio de Janeiro, 1996, 52p.

FERREIRA, Washington Rodrigues de Souza. *O Fim das Ilusões - O Lugar da Religião na Atualidade*. Rio de Janeiro, Edição do Autor, 1996, 103p.

FLORES, Herval Gonçalves (Editor). *A Praxis Psicopedagógica Brasileira*. São Paulo, ABPp, 1994, 252p.

FORD, Leroy. *Ensino Dinâmico e Criativo*. 5a. Edição, Rio de Janeiro, JUERP, 1995, 147p.

O Uso da Discussão em Grupo no Ensino e Treinamento. Rio de Janeiro, JUERP, 1987,125p.

O Uso da Prekção no Ensino e Treinamento. Rio de Janeiro, JUERP, 1990, 127p.

Planejamento do Ensino e Treinamento. Rio de Janeiro, JUERP, 1991, 390p.

FREIRE, Paulo. *Ação Cultural para a Liberdade. 5a. Edição*, Rio de Janeiro, Paz e Terra, 1981, 149p.

Educação como Prática da Uberdade. 13a. Edição, Rio de Janeiro, Paz e Terra, 1982, 150p.

Educação e Mudança. 13a. Edição, Rio de Janeiro, Paz e Terra, 1983, 79p.

Pedagogia do oprimido. 17a. Edição, Rio de Janeiro, Paz e Terra, 1987, 184p.

GARAUDY, Roger. *Minha Jornada Solitária pelo Século*. Rio de Janeiro, Nova Fronteira, 1996, 298p.

GOLEMAN, Daniel. *Inteligência Emocional*. 27a. Edição, Rio de Janeiro, Objetiva, 1995, 375p.

GRELLERT, Manfred. *Os Compromissos da Missão - Caminhada da Igreja no Contexto Brasileiro*. Rio de Janeiro, JUERP/Visão Mundial, 1987, 93p.

GRIGGS, Donald. *Ensinando Professores a Ensinar. 2a. Edição*, São Paulo, Casa Editora Presbiteriana, 1985,174p.

HENDRICKS, Jr., Howard. *Ensinando para Transformar Vidas*. Belo Horizonte, Betânea, 1991, 143p.

HENRICHSEN, Walter A. *Métodos de Estudo Bíblico. 5a. Edição* São Paulo Mundo Cristão, 1993, 117p.

HOWSE' W L. *Orientando Jovens no Estudo Bíblico*. Rio de Janeiro,JUERP,1986J112p.

KIVITZ, René. *Quebrando Paradigmas*. São Paulo, Abba Press, 1995, 101p.

LÓPEZ, Emílio Mira y. *Como Estudar e Como Aprender. 2a Edição*, São Paulo, Mestre Jou, 1968, 94p.

LOPES, Luciano. *O Professor Ideal. 3ª. Edição (melhorada)*, Rio de Janeiro, Casa do Educador, 1966, 135p.

MISSAO DA IGREJA E RESPONSABILIDADE SOCIAL. Teses do Congresso Batista de Ação Social. Rio de Janeiro, JUERP/Conselho de Planejamento e Coordenação da Convenção Batista Brasileira, 1988,92p

NASCIMENTO, Washington Roberto, *Igreja e Secularização*. Rio de Janeiro, Intercom Publicações, 1995.

PEARLMAN, Myer. *Ensinando com Êxito na Escola Dominical*. São Paulo, VIDA, 1995, 145p.

PILAND, Harry (Compiler). *Growining and Winning through the Sunday School*. Nashville, TN, Convention Press, 1981, 205p.

PRICE, A. *A Pedagogia de Jesus. 13ª. Edição*, Rio de Janeiro, JUERP, 1995, 162p.

ROGERS, Carl R- *Um Jeito de Ser*. São Paulo, EPU, 1983, 156p.

SALVADOR, Aríete e CAPRIGLIONE, Laura. *Quando a Emoção é Inteligência*, in Revista VEJA, de 15 de Janeiro de 1997, São Paulo, 1997.

SANDERSON, Leonardo. *Evangelização Através da Escola Dominical* Rio de Janeiro, Casa Publicadora Batista,1970, 127p.

SEMLER, Ricardo. *Virando a Própria Mesa - Uma História de Sucesso Empresarial made in Brazil. 21a. Edição*, São Paulo, Best Seller, 1988, 275p.

SISEMORE, John T. *Clmrch Groivth trough the Sunday School*. Nashville, TN, Broadman Press, 1983, 156p.

__________. O Ministério de Visitaçao. *2a. Edição*, Rio de Janeiro, Casa Publicadora Batista, 1966, 136p.

SMITH, Cathryn. Programa de Educação Religiosa - Nova Estrutura de Educação para a Igreja. 6ª. Edição, revisada, atualizada e ampliada por João Falcão Sobrinho, Rio de Janeiro, JUERP, 1995, 112p.

SMITH, Oswald J. *Paixão pelas Almas, 3a. Edição*, Rio de Janeiro, Junta de Missões Mundiais da CBB, 1986, 94p.

STEUERNAGEL, Valdir. *A Igreja R/mo ao Ano 2000*. Belo Horizonte, Missão Editora, 1981, 98p.

STUBBLEFIELD, Jerry M. *Efective Minister of Education A Comprehensive Handbook*. Nashville, TN, Broadman & Holman Publishers, 1993, 253p.

TIDWELL, Charles A. *Educational Ministry of a Church -An Introdution to Educational Administration.* Nashville, TN, Broadman Press, 1982, 304p.

TOWNS, Elmer. *Tows' Sunday School Encyclopedia – A Practical Guide for Sunday School Workers.* Wheaton, Illinois, Tyndale House Publishers, Inc., 1993, 639p.

VIERTEL, Weldon E. *A Interpretação da Bíblia.* Rio de Janeiro, JUERP, 1979, 200p.

WELCH, Norvel. *Melhor Ensino Bíblico para Adultos.* Rio de Janeiro, JUERP, 1982, 112p.

WERNECK, Hamilton. *Se Você Finge que Ensina, Eu Finjo que Aprendo.* 11a. Edição, Petrópolis, Vozes, 1992, 87p.

WILKINS, Jerry. *Marketing Your Sunday School – Strategies for the 21 st. Century.* Nashville, TN, Broadman Press, 1992, 143p.

Softwares & Internet

A Bíblia em Multimídia – CD ROM. Brasilia, Laicus Consultoria e Informática Ltda, 1996.

Bíblia Soft - CD ROM. Curitiba, PUBLISOFT Publicações Informatizadas Ltda, 1996.

PC Study Bible – CD ROM. Seattle, WA, Biblesoft, 1994.

Gateway Bible – Consultada via Internet

World Wide Study Bible. In Christian Classics Ethereal Library – Internet: http:/ / ccel.wheaton.edu/wwsb/

EBS – Estudo Bíblico Semanal. In ECLESIANET – Internet: http: // www.eclesianet.com.br

CNN Interative – Internet: http: // cnn.com/

Su opinión es importante
para nosotros.
Por favor envíe sus comentarios
al correo electrónico
editorial@editorialhagnos.com

hagnos

Visite nuestra web: www.editorialhagnos.com

Esta obra fue confeccionada
con las fuentes Calibri 11 y
Segoe UI 16, 18 y 20.